CITRONVÄLSKARNAS KULINARISKA KOMMUNIKÉ

100 färska och smakrika recept för att förgylla din kulinariska repertoar

Sandra Isaksson

Copyright Material ©2024

Alla rättigheter förbehållna

Ingen del av denna bok får användas eller överföras i någon form eller på något sätt utan korrekt skriftligt medgivande från utgivaren och upphovsrättsinnehavaren, förutom korta citat som används i en recension. Den här boken bör inte betraktas som en ersättning för medicinsk, juridisk eller annan professionell rådgivning.

INNEHÅLLSFÖRTECKNING

INNEHÅLLSFÖRTECKNING..3
INTRODUKTION..7
FRUKOST..8
1. Citronmunkar med pistagenötter...........................9
2. Citron kokos muffins...12
3. Blåbär-citron Scones...14
4. Macadamia citronbägare...17
5. Citron Timjan Engelsk Muffin................................19
6. Blåbär citron cheesecake havre............................22
7. Våfflor med blåbär och citronskal.......................24
8. Blåbärscitroncroissanter...27
9. Citronmintte _..29
10. Citronostbullar..31
11. Citronmuffins..34
aptitretare och snacks...37
12. Citron Churros..38
13. Citron Jalapeño Pretzel Bites.............................40
14. Citronstänger..42
15. Citronkex..45
16. Citronpeppar Pita chips.......................................47
17. Lemon Curd Shortcake..49
18. Citronverbena Madeleines..................................52
19. Citron Brownies...55
20. Mini Citron Bars...57
21. Lemonad tryffel..59
EFTERRÄTT..62
22. Lemon Mirror Glaze Macarons..........................63
23. Pistasch Lemon Éclairs...67
24. Goji-, pistage- och citrontårta...........................73
25. Citronmaräng-pistagepaj....................................76
26. Citron jordgubbsmousse tårta..........................79
27. Citronkörsbärsnötmousse...................................83

28. Citron Ice Torte med rabarbersås..................................86
29. Citron-rabarber molnpudding..90
30. Rabarber citron tofu paj..93
31. Citronsorbet...95
32. Mini citrontarteletter..97
33. Citronmarängpajparfaits..100
34. Citron och lavendelflan..102
35. Citron Zabaglione...105
36. Meyer Lemon Upside-Down Cake............................107
37. Lemon Pots de Creme...110
38. Citron franska macarons..113
39. Citron Brûlée Tart...117
40. Citronisbrûlée med kola...119
41. Lemon Curd Gelato..122
42. Honeycomb citronkaka..124
43. Lemon curd mousse..127
44. Citron Semifreddo..129
45. Smörgåsar med citronglass..131
GLASYR OCH FROSTNINGAR......................................133
46. Citronglasyr..134
47. Hallon lemonad glasyr...136
48. Citronsmör frosting..138
49. Citronvallmofrön frosting..140
LEMONADER...142
50. Klassisk färskpressad lemonad..................................143
51. Rosa grapefrukt lemonad...145
52. Hallon Lemonade Mimosas.......................................147
53. Strawberry Lemonade Spritzer..................................149
54. Drakfrukt lemonad...151
55. Kiwi lemonad..153
56. Hallon Kefir Lemonad..155
57. Hallon och fänkål lemonad..157
58. Plommon lemonad..159
59. Granatäpple lemonad...162
60. Körsbärslemonad..164

61. Blåbär lemonad..166
62. Prickly Pear Juice Sparkling Lemonade.......................168
63. Svart druva lemonad..170
64. Litchi lemonad...172
65. Apple och grönkål Lemonad e..174
66. Rabarberlemonad...176
67. Rädisa lemonad...178
68. Gurka Lemonad Delight..180
69. Minty Kale Lemonade..182
70. Betor Lemonad..184
71. Fjärilsärt lemonad..187
72. Lavendel lemonad..189
73. Rosewater lemonad..191
74. Lavendel och kokos lemonad...193
75. Färsk lila lemonad e..196
76. Hibiskus lemonad...198
77. Basilika lemonad...200
78. Cilantro lemonad...202
79. Gurkörtsinfunderad lemonad..204
80. Lemon Verbena Lemonad..206
81. Rosmarin lemonad...208
82. Lemonad av citrongräs..210
83. Hibiskus basilika lemonad..212
84. Sea Moss Lemonade..214
85. Spirulina L- emonad...216
86. Tång-infunderad lemonad..218
87. Chlorella lemonad..220
88. Matcha grönt te lemonad..222
89. Iskaffe lemonad...224
90. Earl Grey Lemonade...227
91. Peach svart te lemonad..229
92. Chai hallon lemonad...231
93. Lemonad Kombucha...233
94. Kryddad äppellemonad..235
95. Gurkmeja lemonad..238

96. Masala lemonad..240
97. Chai-kryddad lemonad...242
98. Varm sås lemonad..244
99. Indisk kryddad lemonad...246
100. Lavendel citrondroppe..249
SLUTSATS..251

INTRODUKTION

Välkommen till "CITRONVÄLSKARNAS KULINARISKA KOMMUNIKÉ", en glad resa in i citronernas värld och deras anmärkningsvärda inflytande på den kulinariska konsten. Citroner, med sin ljusa och uppiggande smak, har fått en speciell plats i hjärtan hos kockar och hemkockar runt om i världen. I den här kokboken inbjuder vi dig att utforska mångsidigheten och livskraften hos citroner genom en samling av 100 färska och smakrika recept.

Vår resa genom det citronfyllda landskapet kommer att introducera dig till magin hos denna citrusstjärna. Oavsett om du är en erfaren kock eller en nybörjare i köket, är den här boken din guide till att införliva citronernas syrliga, citrusiga godhet i dina kulinariska skapelser. Från aptitretare till desserter, från salta till söta, kommer du att upptäcka de oändliga möjligheter som citroner erbjuder för att ljusa upp och lyfta dina rätter.

När vi ger oss ut på detta citrusinfunderade äventyr, förbered dig på att låsa upp hemligheterna med att laga mat med citroner och låt deras soliga utseende förvandla dina måltider. Så, ta ditt förkläde, slipa dina knivar och följ med oss och förgyller din kulinariska repertoar med "CITRONVÄLSKARNAS KULINARISKA KOMMUNIKÉ."

FRUKOST

1. Citronmunkar med pistagenötter

INGREDIENSER:
FÖR MURKARNA:
- Nonstick matlagningsspray
- ½ kopp strösocker
- Rivet skal och saft av 1 citron
- 1 ½ dl universalmjöl
- ¾ tesked bakpulver
- ¼ tesked bakpulver
- ¼ tesked salt
- ⅓ kopp kärnmjölk
- ⅓ kopp helmjölk
- 6 msk. osaltat smör, vid rumstemperatur
- 1 ägg
- 2 tsk vaniljextrakt

FÖR GLASYREN
- ½ kopp vanlig grekisk yoghurt
- Rivet skal av 1 citron
- ¼ tesked salt
- 1 dl konditorsocker
- ½ kopp rostade pistagenötter, hackade

INSTRUKTIONER :

a) För att göra munkar, förvärm en ugn till 375 ° F.
b) Belägg brunnarna i en munkpanna med nonstick-spray.
c) I en liten skål, kombinera strösocker och citronskal. Använd fingertopparna och gnid in skalet i sockret. I en annan skål, vispa ihop mjöl, bakpulver, bakpulver och salt. I en måttbägare, rör samman kärnmjölken, helmjölken och citronsaften.
d) Vispa ihop sockerblandningen och smöret på medelhastighet tills det är lätt och fluffigt i skålen med

en stavmixer med paddeltillbehöret, cirka 2 minuter. Skrapa ner skålens sidor. Tillsätt ägget och vaniljen och vispa på medelhastighet tills det blandas ca 1 minut.
e) På låg hastighet, tillsätt mjölblandningen i 3 tillsatser, omväxlande med mjölkblandningen och börja och avsluta med mjölet. Vispa varje tillsats tills precis blandat.
f) Häll 2 msk. smeten i varje förberedd väl. Grädda, vrid pannan 180 grader halvvägs genom gräddningen, tills en tandpetare som sticks in i munkarna kommer ut ren, cirka 10 minuter. Låt svalna i pannan på ett galler i 5 minuter, vänd sedan upp munkarna på gallret och låt svalna helt. Under tiden, tvätta och torka pannan och upprepa för att grädda den återstående smeten.
g) För att göra glasyren, rör ihop yoghurt, citronskal och salt i en skål.
h) Tillsätt konditorernas socker och rör tills det är slätt och väl blandat.
i) Doppa munkarna med ovansidan nedåt i glasyren, strö över pistagenötterna och servera.

2. Citron kokos muffins

INGREDIENSER:
- 1 ¼ kopp mandelmjöl
- 1 kopp strimlad osötad kokos
- 2 msk kokosmjöl
- ½ tesked bakpulver
- ½ tsk bakpulver
- ¼ tesked salt
- ¼ kopp honung
- Saft och skal från 1 citron
- ¼ kopp fullfet kokosmjölk
- 3 ägg, vispade
- 3 matskedar kokosolja
- 1 tsk vaniljextrakt

INSTRUKTIONER:
a) Sätt värmen i din ugn till 350 f. Blanda alla våta ingredienser i en liten skål.
b) I en medelstor skål, kombinera alla torra ingredienser.
c) Häll nu de blöta ingredienserna i torringrediensskålen och rör till en smet.
d) Låt din smet sitta i några minuter och rör sedan om den igen. Smörj nu en muffinsform och fyll var och en cirka två tredjedelar av vägen. Sätt in den i ugnen och grädda i ca 20 minuter.
e) Testa om muffinsen är klar genom att sätta in en tandpetare i mitten, och om den kommer ut ren betyder det att du är redo att gå. Ta ut ur ugnen, låt svalna en sval minut och servera!

3. Blåbär-citron Scones

INGREDIENSER:
- 2 koppar universalmjöl
- 1 msk bakpulver
- 2 tsk socker
- 1 tsk kosher salt
- 2 uns raffinerad kokosolja
- 1 dl färska blåbär
- $\frac{1}{4}$ uns citronskal
- 8 uns kokosmjölk

INSTRUKTIONER:
a) Mixa kokosolja med salt, socker, bakpulver och mjöl i en matberedare.
b) Överför denna mjölblandning till en mixerskål.
c) Tillsätt nu kokosmjölk och citronskal till mjölblandningen och blanda sedan väl.
d) Vänd i blåbär och blanda den beredda degen väl tills den är slät.
e) Sprid ut denna blåbärsdeg i en 7-tums runda och lägg den i en panna.
f) Kyl blåbärsdegen i 15 minuter och skär den sedan i 6 klyftor.
g) Lägg i lager på Sear Platan med ett bakplåtspapper.
h) Lägg blåbärsklyftorna i den klädda searplåten.
i) Överför sconesen till Air Fryer-ugnen och stäng dörren.
j) Välj "Bake"-läge genom att vrida ratten.
k) Tryck på knappen TIME/SLICES och ändra värdet till 25 minuter.
l) Tryck på TEMP/SHADE-knappen och ändra värdet till 400 °F.

m) Tryck på Start/Stopp för att börja tillagningen.
n) Servera färsk.

4. Macadamia citronbägare

INGREDIENSER:

- ½ kopp kokossmör
- ½ kopp macadamianötter
- ½ kopp kakaosmör
- ¼ kopp kokosnötsolja
- ¼ kopp Swerve, pulveriserad
- 1 msk citronskal, finrivet
- 1 tsk Moringapulver

INSTRUKTIONER:

a) Börja med att mixa alla dina ingredienser, förutom citronskalet och Moringa, i en matberedare i en minut för att kombinera dem alla.

b) Dela blandningen i två skålar. Den ska halveras så lika som möjligt innan den delas på mitten.

c) Moringapulver bör placeras i en separat skål. Blanda citronskalet och de andra ingredienserna i en viss maträtt.

d) Förbered 10 minimuffinskoppar genom att fylla dem halvvägs med Moringamix och sedan toppa dem med en och en halv matsked av din citronblandning. Avsätta. Se till att den har stått i kylen i minst en timme innan servering.

5. Citron Timjan Engelsk Muffin

INGREDIENSER:

- Majsmjöl, för att damma av
- 1 msk citronskal
- 2 matskedar strösocker
- 1 ½ dl vitt fullkornsmjöl
- 1 ½ dl universalmjöl
- 1 msk finhackad färsk timjan
- 1 ½ tsk salt
- ¼ tesked bakpulver
- 1 msk aktiv torrjäst
- 1 kopp osötad vanlig mandelmjölk (eller valfri mjölk), uppvärmd till 120 till 130°F
- ⅓ kopp vatten, uppvärmd till 120 till 130°F
- 2 matskedar olivolja

INSTRUKTIONER:

a) Kombinera citronskal och strösocker i en mixerskål. Blanda dem tills de är väl kombinerade. Detta steg hjälper till att frigöra citronsmaken i sockret.

b) I en separat stor blandningsskål, vispa ihop det vita fullkornsmjölet, universalmjölet, hackad färsk timjan, salt och bakpulver.

c) Strö den aktiva torrjästen över den varma mandelmjölken och vattenblandningen. Låt det sitta i ca 5 minuter tills det blir skummande.

d) Häll jästblandningen i bunken med mjölblandningen och tillsätt även citronsockerblandningen och olivolja. Blanda allt tills en deg bildas.

e) Vänd ut degen på en mjölad yta och knåda den i ca 5 minuter tills den blir slät och elastisk.

f) Lägg tillbaka degen i mixerbunken, täck den med en ren kökshandduk och låt den jäsa på en varm plats i ca 1 timme eller tills den har dubbelt så stor storlek.
g) När degen har jäst, slå ner den och vänd ut den på mjölat bakbord igen. Kavla ut den till cirka $\frac{1}{2}$ tum tjocklek.
h) Använd en rund skärare eller kanten på ett glas för att skära ut engelska muffinsrundor. Du bör få cirka 12 omgångar.
i) Pudra en bakplåt med majsmjöl och lägg muffinsrundlarna på den. Strö topparna med ytterligare majsmjöl. Täck dem med en kökshandduk och låt dem vila i ca 20-30 minuter.
j) Värm en stekpanna eller en stor stekpanna på medelvärme. Koka muffinsen i ca 5-7 minuter på varje sida, eller tills de är gyllenbruna och genomstekta.
k) När de är kokta, låt muffinsen svalna något innan du delar upp dem med en gaffel och rostar dem.
l) Servera dina hemgjorda engelska muffins med citrontimjan varma med dina favoritpålägg eller toppings. Njut av!

6.Blåbär citron cheesecake havre

INGREDIENSER:
- ¼ kopp fettfri grekisk yoghurt
- 2 msk blåbärsyoghurt
- ¼ kopp blåbär
- 1 tsk rivet citronskal
- 1 tsk honung

INSTRUKTIONER:
a) Kombinera havre och mjölk i en 16-ounce mason burk; toppa med önskat pålägg.
b) Kyl över natten eller upp till 3 dagar; servera kall.

7. Våfflor med blåbär och citronskal

INGREDIENSER:
- 2 koppar universalmjöl
- 2 matskedar strösocker
- 1 msk bakpulver
- ½ tsk salt
- Skal av 1 citron
- 2 stora ägg
- 1¾ koppar mjölk
- ⅓ kopp osaltat smör, smält
- 1 tsk vaniljextrakt
- 1 dl färska blåbär

INSTRUKTIONER:
a) Förvärm ditt våffeljärn enligt tillverkarens instruktioner.
b) I en stor bunke, vispa ihop mjöl, socker, bakpulver, salt och citronskal.
c) Vispa äggen i en separat skål. Tillsätt mjölk, smält smör och vaniljextrakt. Vispa tills det är väl blandat.
d) Häll de blöta ingredienserna i de torra ingredienserna och rör om tills det precis blandas. Blanda inte för mycket; några klumpar är bra.
e) Vänd försiktigt ner de färska blåbären i smeten.
f) Smörj våffeljärnet lätt med matlagningsspray eller pensla det med smält smör.
g) Häll smeten på det förvärmda våffeljärnet, använd den rekommenderade mängden beroende på storleken på ditt våffeljärn.
h) Stäng locket och koka tills våfflorna är gyllenbruna och knapriga.

i) Ta försiktigt bort våfflorna från järnet och lägg över dem på ett galler för att svalna något.

j) Upprepa processen med resterande smet tills alla våfflor är färdigkokta.

k) Servera våfflorna av blåbär och citronskal varma med ytterligare färska blåbär, en strö av strösocker, en klick lönnsirap eller en klick vispgrädde.

8. Blåbärscitroncroissanter

INGREDIENSER:

- Grundläggande croissantdeg
- ½ kopp blåbär
- 2 matskedar strösocker
- 1 msk majsstärkelse
- 1 msk citronskal
- 1 ägg vispat med 1 msk vatten

INSTRUKTIONER:

a) Kavla ut croissantdegen till en stor rektangel.
b) Blanda blåbär, socker, majsstärkelse och citronskal i en liten skål.
c) Fördela blåbärsblandningen jämnt över degens yta.
d) Skär degen i trianglar.
e) Rulla ihop varje triangel till en croissantform.
f) Lägg croissanterna på en bakplåtspappersklädd plåt, pensla med äggtvätt och låt jäsa i 1 timme.
g) Värm ugnen till 400°F (200°C) och grädda croissanterna i 20-25 minuter tills de är gyllenbruna.

9. Citronmintte

INGREDIENSER:
- 1½ kopp kokande vatten
- 3 teskedar snabbte
- 6 kvistar mynta
- 1 kopp kokande vatten
- 1 kopp socker
- ½ kopp citronsaft

INSTRUKTIONER:

a) Kombinera 1-½ koppar kokande vatten, snabbte och mynta.
b) Steep, täckt, i 15 minuter.
c) Blanda 1 dl kokande vatten, socker och citronsaft.
d) Blanda den andra blandningen med myntablandningen efter att du silat den.
e) Tillsätt 4 dl kallt vatten.

10. Citronostbullar

INGREDIENSER:
DEG
- 1 kopp vatten
- ¼ kopp socker
- 1 stort ägg, väl uppvispat
- 2 msk smör
- ¾ tesked salt
- 4 dl brödmjöl
- 1 msk torrmjölk
- 1½ tsk aktiv torrjäst

FYLLNING
- 1 kopp ricottaost, del lättmjölk
- ¼ kopp citronsaft (från 1 citron)
- ¼ kopp socker
- ¼ tsk citronskal (från 1 citron)

GARNERING
- ½ kopp konditorsocker
- 1 tsk citronsaft
- Vatten (efter behov för att uppnå önskad konsistens)

INSTRUKTIONER:
DEG:
a) Mät upp ingredienserna till degen i bakformen (förutom jästen).

b) Knacka ordentligt på behållaren för att jämna ut ingredienserna och strö sedan jästen i mitten av mjölet.

c) Sätt in bakformen ordentligt i brödmaskinen och stäng locket.

d) Välj DOUGH-inställningen och tryck på Start.

e) Maskinen piper och lampan COMPLETE kommer att tändas när degen är färdig.

f) Ta bort degen från bakformen.

FYLLNING:

g) I en separat skål, kombinera alla fyllningsingredienser och rör om så att det blandas ordentligt.

HOPSÄTTNING:

h) Kavla ut degen till en 12x15-tums fyrkant.
i) Fördela fyllningen jämnt över degen.
j) Rulla degen på längden och skär rullen i 12 bitar.
k) Lägg den skurna sidan nedåt i en smörad form.
l) Täck över degen och låt stå i 15 minuter.

BAKNING:

m) Värm ugnen till 375°F (190°C).
n) Grädda bullarna i 15 till 20 minuter eller tills de är gyllenbruna.
o) Kyl bullarna på ett galler.

GARNERING:

p) Kombinera alla ingredienserna till toppingen i en separat skål.
q) Tillsätt vatten med ½ tesked tills du uppnår önskad konsistens.
r) Häll toppingen över de avsvalnade bullarna.
s) Njut av dina hemgjorda citronostbullar!

11. Citronmuffins

INGREDIENSER:

- 1 helt ägg
- 1 kopp Carbquik
- 2 msk Splenda (eller efter smak)
- 1 tsk rivet citronskal
- ¼ kopp citronsaft
- ⅛ kopp vatten
- 1 matsked olja
- 1 msk vallmofrön (valfritt)
- 1 tsk bakpulver
- En nypa salt

INSTRUKTIONER:

a) Förvärm din ugn: Värm din ugn till 400°F (200°C). Placera en bakform av papper i var och en av 6 muffinsformar av vanlig storlek, eller smörj bara bottnarna på muffinsformarna.

b) Blanda smeten: Vispa ägget lätt i en medelstor skål. Rör sedan i Carbquik, Splenda, rivet citronskal, citronsaft, vatten, olja, vallmofrön (om du använder), bakpulver och en nypa salt. Rör om tills blandningen precis är fuktad; övermixa inte.

c) Dela smeten: Fördela muffinssmeten jämnt mellan de förberedda muffinsformarna.

d) Baka: Grädda muffinsen i den förvärmda ugnen i 15 till 20 minuter eller tills topparna är gyllenbruna. Håll ett öga på dem mot slutet av gräddningstiden för att undvika övergräddning.

e) När de är klara, ta ut muffinsen från ugnen och låt dem svalna i muffinsformarna i några minuter.

f) Lägg över muffinsen till ett galler för att svalna helt.

g) Njut av dina hemgjorda Carbquik Lemon Muffins!

aptitretare och snacks

12. Citron Churros

INGREDIENSER:
- 1 kopp vatten
- 2 matskedar socker
- ½ tsk salt
- 2 matskedar vegetabilisk olja
- 1 kopp universalmjöl
- Skal av 1 citron
- Vegetabilisk olja för stekning
- ¼ kopp socker (för överdrag)
- 1 tsk mald kanel (för överdrag)
- Citronglasyr (gjord med strösocker och citronsaft)

INSTRUKTIONER:
a) I en kastrull, kombinera vatten, socker, salt och vegetabilisk olja. Låt blandningen koka upp.
b) Ta kastrullen från värmen och tillsätt mjöl och citronskal. Rör om tills blandningen bildar en degboll.
c) Värm vegetabilisk olja i en djup stekpanna eller kastrull på medelvärme.
d) Lägg över degen i en spritspåse med stjärnspets.
e) Sprid in degen i den heta oljan, skär den i 4-6 tums längder med en kniv eller sax.
f) Stek tills de är gyllenbruna på alla sidor, vänd då och då.
g) Ta bort churros från oljan och låt rinna av på hushållspapper.
h) I en separat skål, kombinera socker och kanel. Rulla churros i kanelsockerblandningen tills de är täckta.
i) Ringla citronglasyren över churros.
j) Servera citronchurros varma.

13. Citron Jalapeño Pretzel Bites

INGREDIENSER:

- 1 msk olivolja
- 3 jalapeños, kärnade och finhackade
- Kosher salt
- 2 (4-ounce) förpackningar med kringlor
- 4 uns färskost, vid rumstemperatur
- ½ tsk finrivet citronskal
- 1 msk citronsaft
- En skvätt varm sås
- 1 uns extra skarp apelsin cheddar, grovt riven (cirka ⅓ kopp), plus mer för att strö
- 1 salladslök, finhackad, plus mer att strö över

INSTRUKTIONER:

a) Värm ugnen till 400°F. Klä en plåt med bakplåtspapper.

b) Värm en medelstor stekpanna över medelvärme. Tillsätt olivoljan, följt av jalapeños och ¼ tesked salt. Koka, rör om då och då, tills jalapeñosna är precis mjuka, vilket tar cirka 2 minuter. Avlägsna från värme.

c) Under tiden, med hjälp av en skalkniv och arbeta i vinkel, ta bort toppen av varje kringla, lämna en 1-tums öppning. Använd tummen, tryck in och runt för att trycka ner några av kringlorna och skapa en större öppning.

d) I en skål, kombinera färskost, citronskalsjuice och varm sås. vänd ner jalapeños, cheddar och salladslök. överför blandningen till en återförslutbar plastpåse.

e) Klipp av hörnet på påsen och fyll upp varje kringla. överför till den förberedda bakplåten, strö över ytterligare ost och grädda tills osten smälter, 5 till 6 minuter. strö över salladslök före servering om så önskas.

14. Citronstänger

INGREDIENSER:
FÖR SKORPA:
- 1 kopp (2 pinnar) osaltat smör, mjukat
- ½ kopp strösocker
- 2 koppar universalmjöl
- Nypa salt

FÖR CITRONFYLLNING:
- 4 stora ägg
- 2 koppar strösocker
- ⅓ kopp universalmjöl
- ½ dl färskpressad citronsaft (ca 4 citroner)
- Skal av 2 citroner
- pulveriserat socker (för att pudra)

INSTRUKTIONER:
FÖR SKORPA:
a) Värm ugnen till 350°F (175°C). Smörj en 9x13-tums ugnsform.
b) I en bunke, grädda ihop det mjukade smöret och strösockret.
c) Tillsätt gradvis mjöl och salt, blanda tills en smulig deg bildas.
d) Tryck ut degen jämnt i botten av den förberedda ugnsformen.
e) Grädda i den förvärmda ugnen i 15-20 minuter, eller tills kanterna är lätt gyllene. Ta ut ur ugnen och ställ åt sidan.

FÖR CITRONFYLLNING:
f) I en separat skål, vispa ihop ägg, strösocker, mjöl, citronsaft och citronskal tills det är väl blandat.
g) Häll citronblandningen över den bakade skorpan.

h) Sätt tillbaka formen i ugnen och grädda i ytterligare 20-25 minuter, eller tills citronfyllningen stelnat och inte längre skakar när du skakar pannan försiktigt.

i) Låt citronstängerna svalna helt i pannan.

j) När den svalnat, pudra toppen med strösocker och skär i rutor.

15. Citronkex

INGREDIENSER:

- 2½ koppar socker
- 1 kopp Förkortning
- 2 matskedar Bakers Ammoniak
- 1 tsk citronolja
- 2 ägg
- 2 msk mjölk (ny)
- 1 pint mjölk (ny)
- Mjöl

INSTRUKTIONER:

a) Börja med att blötlägga bagarens ammoniak över natten i en halvliter mjölk.

b) Vispa äggen separat i en separat skål och tillsätt 2 matskedar mjölk till äggulorna.

c) I en stor blandningsskål, kombinera socker, matfett, blötlagd bakarammoniak, citronolja och de vispade äggen med mjölk.

d) Tillsätt gradvis tillräckligt med mjöl för att göra degen stel.

e) Kavla ut degen tunt och sticka den väl med en gaffel.

f) Baka, men ingen specifik temperatur eller gräddningstid anges i originalreceptet. Du kan prova att grädda dem vid 220 °C tills de blir gyllenbruna. Håll ett öga på dem för att förhindra övergräddning.

g) Dessa citronkex, även om de saknar specifika temperatur- och tidsinstruktioner, är en unik godbit med citronsmak.

h) Njut av att experimentera med gräddningstiden och temperaturen för att uppnå önskad konsistens och färg.

16. Citronpeppar Pita chips

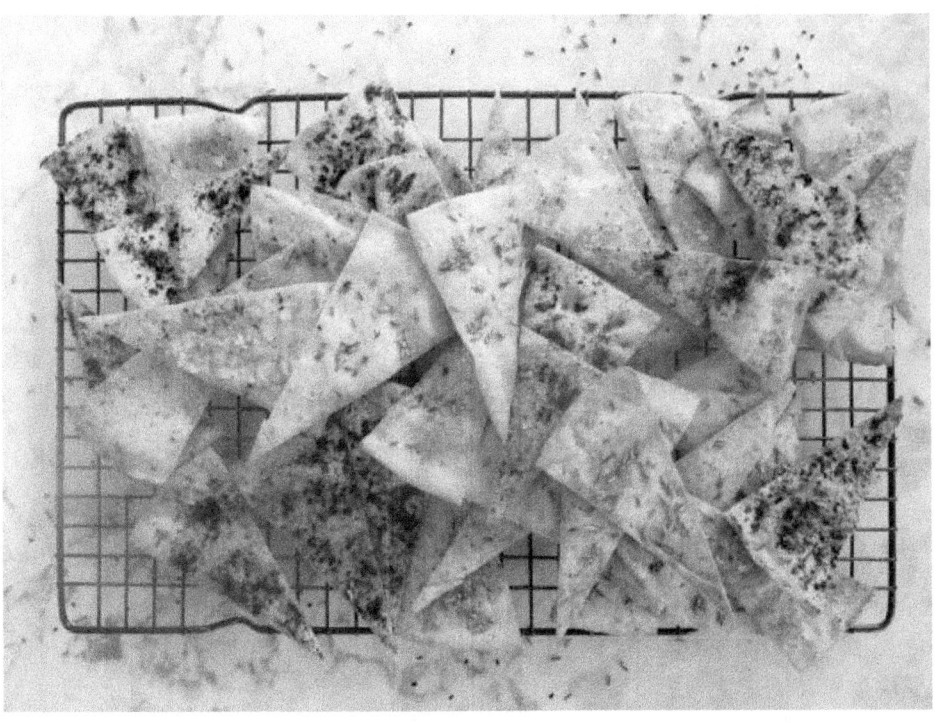

INGREDIENSER:

- 4 rundor pitabröd
- 2 matskedar olivolja
- Skal av 1 citron
- 1 tsk svartpeppar
- ½ tsk salt

INSTRUKTIONER:

a) Värm ugnen till 375°F (190°C).

b) Skär pitabrödsrundorna i små trianglar eller önskade former.

c) I en liten skål, kombinera olivolja, citronskal, svartpeppar och salt.

d) Pensla båda sidorna av pitabrianglarna med olivoljeblandningen.

e) Lägg upp pitabrianglarna på en bakplåtspapperklädd plåt.

f) Grädda i 10-12 minuter eller tills de är knapriga och lätt gyllene.

g) Låt chipsen svalna innan servering.

17. Lemon Curd Shortcake

INGREDIENSER:
- 2 koppar universalmjöl
- ¼ kopp strösocker
- 1 msk bakpulver
- ½ tsk salt
- ½ kopp osaltat smör, kallt och i tärningar
- ¾ kopp kärnmjölk
- 1 tsk vaniljextrakt
- Lemon curd
- Färska hallon
- Färska jordgubbar, skivade
- Vispad grädde, till servering

INSTRUKTIONER:
a) Värm ugnen till 425°F (220°C).
b) I en stor skål, vispa ihop mjöl, socker, bakpulver och salt.
c) Tillsätt det kalla tärningssmöret till de torra ingredienserna. Använd en konditor eller fingrarna för att skära smöret i mjölblandningen tills det liknar grova smulor.
d) Gör en brunn i mitten av blandningen och häll i kärnmjölken och vaniljextraktet. Rör om tills det precis blandas.
e) Vänd ut degen på en mjölad yta och knåda den försiktigt några gånger tills den går ihop.
f) Klappa degen till en 1-tums tjock runda och skär ut mördegskakor med hjälp av en kexfräs.
g) Lägg mackorna på en plåt klädd med bakplåtspapper.
h) Grädda i 12-15 minuter eller tills de är gyllenbruna.
i) Ta ut ur ugnen och låt dem svalna något.

j) Dela shortcakes på mitten horisontellt. Bred lemon curd på den nedre halvan, lägg sedan på ett lager färska hallon och skivade jordgubbar. Toppa med den andra halvan av mördegskakan och servera med vispad grädde.

18. Citronverbena Madeleines

INGREDIENSER:
- 2 dl Osiktat kakmjöl
- 1 tsk Bakpulver
- ½ tsk salt
- 1 kopp osaltat smör, i rumstemperatur
- 1 ⅔ koppar strösocker
- 5 stora ägg
- 1 ½ tsk vaniljextrakt
- Citronverbena sirap (recept följer)
- Citronverbena sirap:
- ½ kopp vatten
- ½ kopp strösocker
- ¼ kopp färska citronverbenablad, lätt packade (eller 2 matskedar torkade citronverbenablad)

INSTRUKTIONER:
a) Förvärm ugnen till 325 grader Fahrenheit (160 grader Celsius) och placera gallret i mitten av ugnen. Smörj Madeleine-formarna med mjukt smör och pudra dem med mjöl, ta bort överflödigt mjöl. Avsätta.
b) I en skål, sikta ihop kakmjöl, bakpulver och salt. Ställ den torra blandningen åt sidan.
c) Vispa det osaltade smöret tills det blir mjukt och fluffigt i en blandningsskål med en elektrisk mixer försedd med paddelfäste.
d) Tillsätt gradvis strösockret till smöret och fortsätt vispa tills blandningen är mycket ljus och krämig.
e) Tillsätt äggen i blandningen ett i taget, vispa ordentligt efter varje tillsats. Rör ner vaniljextraktet.
f) Blanda gradvis ner den torra mjölblandningen i den blöta smeten tills allt är väl blandat.

g) Använd en spatel och skrapa ner smeten i de förberedda Madeleine-pannorna och jämna ut den helt. Rengör kanterna på pannan med en pappershandduk.

h) Grädda Madeleines i den förvärmda ugnen i cirka 10 till 15 minuter eller tills kakorna har jäst och är gyllene på toppen. Sätt in en testare i mitten av en Madeleine; det ska komma ut rent när de är genomgräddade.

i) Ta ut Madeleines från ugnen och skjut en kniv runt sidorna för att lossa dem. Tippa ut kakorna på ett galler med rätsidan upp.

j) Medan Madeleines fortfarande är varma, använd ett tunt spett för att sticka ett hål i toppen av varje kaka.

k) Förbered citronverbena sirap: I en liten kastrull, kombinera vattnet, strösocker och färska citron verbena blad. Låt blandningen sjuda, rör om tills sockret lösts upp. Ta kastrullen från värmen och låt sirapen dra i ca 10 minuter. Sila sirapen för att ta bort citronverbenabladen.

l) Häll 1 tesked av den varma citronverbena sirapen över varje Madeleine, låt den dra in och fylla kakorna med sin härliga smak.

m) Låt Madeleines svalna helt och förvara dem sedan i en lufttät behållare.

n) Njut av dessa läckra citronverbena-madeleiner, infunderade med den aromatiska essensen av citronverbena. De är en förtjusande njutning att ackompanjera ditt te eller kaffe, och den doftande sirapen ger en extra touch av sötma och smak. Förvara eventuella rester i en lufttät behållare för att behålla sin fräschör.

19. Citron Brownies

INGREDIENSER:

- 1 dl osaltat smör, smält
- 2 koppar strösocker
- 4 stora ägg
- 1 tsk vaniljextrakt
- 1 msk citronskal
- 2 matskedar färsk citronsaft
- 1 ½ dl universalmjöl
- ½ tsk salt
- ½ kopp strösocker (för att pudra)

INSTRUKTIONER:

a) Värm ugnen till 350°F och smörj en 9x13-tums ugnsform.
b) Blanda det smälta smöret och strösockret i en stor skål tills det är väl blandat.
c) Tillsätt äggen, vaniljextraktet, citronskalet och citronsaften och rör om tills det är slätt.
d) Vispa ihop mjöl och salt i en separat skål.
e) Tillsätt gradvis de torra ingredienserna till de våta ingredienserna, blanda tills de precis blandas.
f) Häll smeten i den förberedda ugnsformen och fördela den jämnt.
g) Grädda i 25-30 minuter, eller tills en tandpetare som sticks in i mitten kommer ut med några fuktiga smulor.
h) Låt browniesna svalna helt.
i) Pudra toppen med strösocker.
j) Skär i rutor och servera.

20. Mini Citron Bars

INGREDIENSER:
- 1 kopp universalmjöl
- ¼ kopp strösocker
- ½ kopp osaltat smör, mjukat
- 2 stora ägg
- 1 kopp strösocker
- 2 msk universalmjöl
- ¼ tesked bakpulver
- 2 msk citronsaft
- Skal av 1 citron
- pulveriserat socker (för att pudra)

INSTRUKTIONER:
a) Värm ugnen till 350°F (175°C).
b) I en mixerskål, kombinera 1 kopp mjöl, ¼ kopp strösocker och mjukt smör tills det blir smuligt.
c) Tryck ut blandningen i botten av en smord 8x8-tums bakform.
d) Grädda skorpan i 15-20 minuter eller tills den är lätt gyllenbrun.
e) I en annan skål, vispa ihop ägg, strösocker, 2 msk mjöl, bakpulver, citronsaft och citronskal tills det är väl blandat.
f) Häll citronblandningen över den bakade skorpan.
g) Grädda i ytterligare 20-25 minuter eller tills toppen stelnat och lätt brynt.
h) Låt mini-citronstängerna svalna helt och skär dem sedan i lagom stora rutor.
i) Pudra topparna med strösocker före servering.

21. Lemonad tryffel

INGREDIENSER:

- 26 uns vit choklad, uppdelad
- 6 matskedar smör
- 1 msk citronskal
- 1 tsk citronsaft
- ⅓ tesked vinsyra Nypa salt
- 2 matskedar jordgubbskonserver

INSTRUKTIONER:

a) Tempera all vit choklad med metoden här och verifiera att du har ett bra temperament genom att smörja lite choklad på bänken.

b) Detta bör ställas in inom 2 minuter. Ställ 16 uns åt sidan.

c) Mjuka upp smöret i mikron och knåda det sedan i en bakplåtspapperskudde (se här) tills smöret är varmt och konsistensen av ansiktskräm.

d) Blanda smöret i 10 uns av den tempererade chokladen tills blandningen är väl kombinerad och ser silkeslen ut.

e) Tillsätt resterande ingredienser och rör om väl.

f) Sprid ganachen i 1-tums fyrkantiga formar.

g) Låt stå på bänken eller ställ i kylen i 20 minuter för att stelna.

h) De är redo att doppas när ganachen kommer rent ur formen.

i) Använd en doppgaffel med två ben och doppa tryffeln i de återstående 16 unsen av tempererad vit choklad.

j) Dekorera genom att lägga rosa-gult kakaosmör ovanpå varje tryffel innan du doppa nästa.

k) Låt stelna på en sval plats i 10 till 20 minuter innan du tar av överföringsarket.

l) Förvara i upp till 3 veckor i rumstemperatur på en mörk plats borta från doft och värme.

EFTERRÄTT

22. Lemon Mirror Glaze Macarons

INGREDIENSER:
FÖR MACARONSKELEN:
- 1 dl mandelmjöl
- 1 kopp strösocker
- 2 stora äggvitor, i rumstemperatur
- ¼ kopp strösocker
- Skal av 1 citron
- Gul matfärgad gel (valfritt)

FÖR LEMON CURD-FYLLNING:
- Saften av 2 citroner
- Skal av 1 citron
- ½ kopp strösocker
- 2 stora ägg
- 4 matskedar (56 g) osaltat smör, i tärningar

FÖR CITRONSPEGELEN:
- ½ kopp vatten
- 1 kopp strösocker
- ½ kopp lätt majssirap
- ½ kopp (60 g) osötad citronsaft
- 2 matskedar gelatinpulver
- Gul matfärgad gel (valfritt)

INSTRUKTIONER:
ATT GÖRA MACARONSKELEN:
a) Klä två plåtar med bakplåtspapper eller bakmattor av silikon.

b) Blanda mandelmjöl och strösocker i en matberedare. Pulsera tills den är väl blandad och fin i konsistensen. Överför till en stor blandningsskål.

c) Vispa äggvitorna i en annan bunke tills de blir skummande. Tillsätt strösockret gradvis medan du fortsätter att vispa. Vispa tills det bildas styva toppar. Tillsätt eventuellt några droppar gul matfärgning och citronskal och blanda tills det är jämnt fördelat.

d) Vänd försiktigt ner mandelmjölsblandningen i äggviteblandningen med hjälp av en spatel. Vik tills smeten är slät och bildar en bandliknande konsistens. Var noga med att inte övermixa.

e) Lägg över macaronsmeten i en spritspåse försedd med en rund spets.

f) Spruta små rundlar (ca 1 tum i diameter) på de förberedda bakplåtarna, lämna utrymme mellan varje. Knacka bakplåtarna på bänken för att frigöra eventuella luftbubblor.

g) Låt macaronsen stå i rumstemperatur i cirka 30 minuter tills ett skal bildas på ytan. Detta steg är avgörande för ett smidigt skal.

h) Medan macaronsna vilar, förvärm ugnen till 300°F (150°C).

i) Grädda macarons i 15 minuter, rotera bakplåtarna halvvägs.

j) Ta ut macaronsen ur ugnen och låt dem svalna på plåtarna i några minuter innan du lägger över dem på ett galler för att svalna helt.

GÖR LEMON CURD-FYLLNING:

k) Blanda citronsaft, citronskal, strösocker och ägg i en kastrull. Vispa ihop på medelvärme tills blandningen tjocknar, ca 5-7 minuter.

l) Ta kastrullen från värmen och vispa i det tärnade smöret tills det är helt införlivat.

m) Överför lemoncurden till en skål, täck den med plastfolie (vidrör ytan direkt för att förhindra att ett skal bildas) och ställ i kylen tills det är kallt och stelnat, cirka 1 timme.

SAMMANSTÄLLNING AV MACARONS:

n) Matcha macaronskalen till par av liknande storlek.

o) Fyll en spritspåse med lemon curd-fyllningen och sprid en liten mängd på ett macaronskal från varje par.

p) Tryck försiktigt på det andra skalet ovanpå för att skapa en smörgås. Upprepa med resterande macarons.

q) Göra Lemon Mirror Glaze:

r) I en liten skål, kombinera gelatinpulver med 2 matskedar kallt vatten. Låt den blomma i några minuter.

s) Blanda vatten, strösocker och majssirap i en kastrull. Koka upp på medelvärme, rör hela tiden tills sockret har löst sig.

t) Ta bort blandningen från värmen och tillsätt citronsaft, rör om för att kombinera.

u) Tillsätt det blommade gelatinet i citronblandningen och rör om tills gelatinet är helt upplöst.

v) Om så önskas, tillsätt några droppar gul matfärgning för gel för en levande citronfärg.

GLASERA MACARONS:

w) Placera ett galler över en bakplåt för att fånga upp eventuell överflödig glasyr.

x) Håll varje macaron i toppen och doppa försiktigt botten i citronspegelglasyren. Låt överflödig glasyr droppa av.

y) Lägg de glaserade macaronsna på gallret för att stelna i cirka 30 minuter tills glasyren är fast.

z) Förvara citronspegelglasyrmacarons i en lufttät behållare i kylen i upp till tre dagar. Njut av dina härliga citroniga godsaker!

23. Pistasch Lemon Éclairs

INGREDIENSER:

FÖR KANDIDERADE CITRONER (VALFRI):
- 10 sunquats (minicitroner)
- 2 koppar vatten
- 2 koppar socker

FÖR PISTACHIOPASTA:
- 60 g oskalade pistagenötter (ej rostade)
- 10 g druvkärneolja

FÖR PISTACHIO-CITRONMOUSSELINKRÄM:
- 500 g mjölk
- Skal av 2 citroner
- 120 g äggula
- 120 g socker
- 40 g majsstärkelse
- 30 g pistagepasta (eller 45 g om köpt i butik)
- 120 g mjukt smör (skuret i tärningar)

FÖR PISTACHIO MARSIPAN:
- 200 g marsipan
- 15 g pistagepasta
- Grön matfärg (gel)
- Lite strösocker

FÖR CHOUX-BAK:
- 125 g smör
- 125 g mjölk
- 125 g vatten
- 5 g socker
- 5 g salt
- 140 g mjöl
- 220 g ägg

FÖR GLASYR:
- 200 g nappage neutre (neutral geléglasyr)

- 100 g vatten
- Grön matfärg (gel)

FÖR INREDNING:
- Malda pistagenötter

INSTRUKTIONER:
KANDIDERADE CITRONER (VALFRI):
a) Förbered ett isbad (en kastrull med vatten och is) och ställ åt sidan.
b) Använd en vass kniv för att skära tunna skivor av citron. Kasta fröna.
c) Koka upp vattnet i en annan kastrull. Ta av från värmen och lägg omedelbart citronskivorna i det varma vattnet. Blanda tills skivorna mjuknar (cirka en minut).
d) Häll ut det varma vattnet genom en sil och lägg sedan citronskivorna i isbadet en sekund. Häll ut iskallt vatten med hjälp av silen.
e) Blanda vatten och socker i en stor kastrull på hög värme. Blanda tills sockret smält, låt sedan koka upp.
f) Sänk värmen till medel och använd en tång för att placera citronskivorna i vattnet så att de flyter. Koka på låg värme tills svålen blir genomskinlig, ca $1\frac{1}{2}$ timme.
g) Ta bort citronerna med en tång och lägg dem på ett galler. Lägg en bit bakplåtspapper under gallret för att fånga upp eventuell sirap som droppar från citronskivorna.

Pistaschpasta:
h) Värm ugnen till 160°C (320°F).
i) Rosta pistagenötterna på en plåt i ca 7 minuter tills de får lite färg. Låt dem svalna.

j) Mal de kylda pistagenötterna till pulver i en liten matberedare. Tillsätt oljan och mal igen tills det blir en pasta. Förvara den i kylen tills den ska användas.
k) Pistasch-citronmousselinekräm:
l) Koka upp mjölken. Stäng av värmen, tillsätt citronskal, täck över och låt stå i 10 minuter.
m) I en skål, kombinera äggulor och socker. Vispa omedelbart, tillsätt sedan majsstärkelse och vispa igen.
n) Tillsätt den varma mjölken under vispning. Häll blandningen genom en sil i en ren kastrull, kassera citronskalet som finns kvar i silen.
o) Värm på medelvärme och vispa tills blandningen tjocknar och blir krämig. Avlägsna från värme.
p) Överför grädden till skålen som innehåller pistagemassan. Vispa tills det är enhetligt. Täck med plastfolie för att förhindra att en skorpa bildas och ställ i kylen.
q) När krämen når 40°C (104°F), tillsätt gradvis det mjukade smöret och blanda väl. Täck med plastfolie och ställ i kylen.
CHOUX BAG:
r) Sikta mjöl och ställ åt sidan.
s) Tillsätt smör, mjölk, vatten, socker och salt i en kastrull. Värm på medelhög tills smöret smält och blandningen kokar upp.
t) Ta bort från värmen, tillsätt omedelbart mjöl på en gång och blanda väl tills en enhetlig blandning bildas, som liknar potatismos. Det här är panadmixen.
u) Torka panaden i ungefär en minut på låg värme, rör om med en spatel, tills den börjar dra sig tillbaka från kastrullens sidor och stelnar.

v) Överför panaden till en mixerskål och kyl den något. Vispa äggen i en separat skål och tillsätt dem gradvis i mixern, vänta på att varje tillsats ska blandas innan du lägger till mer.
w) Blanda på låg-medelhastighet tills smeten är slät, blank och stabil.
x) Värm ugnen till 250°C (480°F). Täck en bakplåt med bakplåtspapper eller ett tunt lager smör.
y) Sprid ut 12 cm långa remsor av smet på plåten. Öppna inte ugnsluckan under gräddningen.
z) Efter 15 minuter öppnar du ugnsluckan något (ca 1 cm) för att släppa ut ånga. Stäng den och ställ in temperaturen på 170°C (340°F). Grädda i 20-25 minuter tills éclairerna får färg.
aa) Upprepa med resterande smet.

Pistaschmarsipan:
bb) Skär marsipanen i tärningar och blanda med en platt visp tills den är mjuk och enhetlig. Tillsätt pistagepasta och grön matfärg (om så önskas) och blanda tills det är enhetligt.
cc) Kavla ut marsipanen till en tjocklek av 2 mm och skär remsor som passar éclairerna.

HOPSÄTTNING:
dd) Skär två små hål i botten av varje éclair.
ee) Fyll varje éclair med pistage-citronkrämen genom hålen.
ff) Pensla lite glasyr på ena sidan av varje marsipanremsa och fäst den på éclairerna.
gg) Doppa varje éclair i glasyren, låt överflödig glasyr droppa av.

hh) Dekorera med kanderade citronskivor eller hackade pistagenötter.
ii) Ställ i kyl tills den ska serveras.

24. Goji-, pistage- och citrontårta

INGREDIENSER:
FÖR DEN RÅ VEGANISKA PISTASCHSKORPA:
- $1\frac{1}{2}$ dl mandelmjöl eller mandelmjöl
- $\frac{1}{2}$ kopp pistagenötter
- 3 datum
- $1\frac{1}{2}$ msk kokosolja
- $\frac{1}{2}$ tsk malet kardemummapulver
- $\frac{1}{8}$ tesked salt

FYLLNING:
- $1\frac{1}{2}$ dl kokosgrädde
- 1 dl citronsaft
- 1 msk majsstärkelse
- 2 tsk agar-agar
- $\frac{1}{4}$ kopp lönnsirap
- $\frac{1}{2}$ tesked malet gurkmejapulver
- 1 tsk vaniljextrakt
- $\frac{1}{2}$ tesked gojiextrakt

TOPPINGS:
- en näve gojibär
- drakfrukt
- ätbara blommor
- chokladhjärtan

INSTRUKTIONER:
TÄRTA SKAL
a) Mixa mandelmjöl och pistagenötter i en matberedare/mixer till en fin smula.
b) Tillsätt resten av ingredienserna till skorpan och blanda väl tills du får en jämn klibbig blandning.
c) Tillsätt skorpdegen i en tårtform och fördela den jämnt i botten.

d) Låt stå kallt i kylen medan du förbereder fyllningen.
FYLLNING
e) Värm kokosgrädden i en medelstor kastrull, rör om väl tills den är slät och jämn.
f) Tillsätt resten av fyllningsingredienserna, inklusive majsstärkelse och agar agar.
g) Koka upp under konstant omrörning och koka i några minuter tills det börjar tjockna.
h) När blandningen tjocknar, ta bort den från värmen och låt den svalna i 10-15 minuter.
i) Häll sedan över skorpan och låt den svalna helt.
j) Ställ in i kylen i minst ett par timmar tills fyllningen stelnat helt.
k) Dekorera med gojibär, drakfruktbollar och ätbara blommor, eller med dina favoritpålägg.

25. Citronmaräng-pistagepaj

INGREDIENSER:

- 1 portion Pistachio Crunch
- ½ uns vit choklad smält
- 1⅓ koppar Lemon Curd
- 1 kopp socker
- ½ kopp vatten
- 3 äggvitor
- ¼ kopp Lemon Curd

INSTRUKTIONER:

a) Häll pistaschcrunchen i en 10-tums pajform. Med fingrarna och handflatorna trycker du in crunchen ordentligt i pajformen och se till att botten och sidorna är jämnt täckta. Ställ åt sidan medan du gör fyllningen; inslagna i plast kan skorpan kylas i upp till 2 veckor.

b) Använd en konditorivaror och måla ett tunt lager vit choklad på botten och upp på sidorna av skorpan. Ställ in skorpan i frysen i 10 minuter för att stelna chokladen.

c) Lägg 1⅓ kopp lemon curd i en liten skål och rör om så att den lossnar lite. Skrapa lemoncurden till en skorpa och använd baksidan av en sked eller en spatel för att fördela den i ett jämnt lager. Lägg pajen i frysen i cirka 10 minuter för att hjälpa till att stelna lemon curd-skiktet.

d) Blanda under tiden sockret och vattnet i en liten tjockbottnad kastrull och häll försiktigt runt sockret i vattnet tills det känns som blöt sand. Placera kastrullen på medelhög värme och värm blandningen till 239°F, håll koll på temperaturen med en direktavläsnings- eller godistermometer.

e) Medan sockret värms upp lägger du äggvitorna i skålen med en stavmixer och börjar vispa dem till medelmjuka toppar med visptillbehöret.

f) När sockerlagen når 239°F, ta bort den från värmen och häll den försiktigt i den vispade äggvitan, se till att undvika visp: vrid ner mixern till mycket låg hastighet innan du gör detta om du inte vill ha någon intressant bränning märken i ansiktet.

g) När allt socker har tillsatts till äggvitorna, skruva upp mixerhastigheten igen och låt marängen vispa tills den svalnat till rumstemperatur.

h) Medan marängen vispas lägger du ¼ kopp lemon curd i en stor skål och rör om med en spatel för att lossa den lite.

i) När marängen har svalnat till rumstemperatur, stäng av mixern, ta bort skålen och vik ner marängen i lemoncurden med spateln tills inga vita strimmor finns kvar, var försiktig så att du inte tömmer marängen.

j) Ta ut pajen ur frysen och ös citronmarängen ovanpå lemon curd. Använd en sked och bred ut marängen i ett jämnt lager som täcker lemoncurden helt.

k) Servera, eller förvara pajen i frysen tills den ska användas. Den är tätt inslagen i plastfolie när den väl har frysts in och håller sig i frysen i upp till 3 veckor. Låt pajen tina över natten i kylen eller minst 3 timmar i rumstemperatur innan servering.

26. Citron jordgubbsmousse tårta

INGREDIENSER:

- 1 kopp universalmjöl 250 ml
- ⅓ kopp Rostade hasselnötter eller pistagenötter; finhackat
- 2 matskedar strösocker 25 mL
- ½ kopp osaltat smör; skär i små bitar 125 ml
- 1 äggula 1
- 1 msk citronsaft 15 ml
- 2 uns Hemlagad eller kommersiell sockerkaka 60 g
- 4 koppar färska jordgubbar 1 L
- 1 kuvert med gelatin utan smak 1
- ¼ kopp kallt vatten 50 ml
- 4 äggulor 4
- ¾ kopp strösocker; uppdelat 175 ml
- ¾ kopp citronsaft 175 ml
- 1 msk Finrivet citronskal 15 mL
- 4 uns färskost 125 g
- 1¾ kopp vispgrädde 425 ml
- Hackade rostade pistagenötter
- Siktat florsocker

INSTRUKTIONER:

a) Värm ugnen till 375F/190C.

b) För att göra bakelsen, i en stor skål, kombinera mjöl med nötter och strösocker. Skär i smör tills det är i små bitar.

c) Blanda äggula med citronsaft. Strö över mjölblandningen och samla ihop degen till en boll. Rulla eller tryck till botten av en 9 eller 10-tums/23 eller 25-cm springform.

d) Grädda i 20 till 25 minuter, eller tills de fått lite färg. Bryt sockerkakan i små bitar och strö ovanpå degen.
e) Boka åtta av de bästa jordgubbarna till toppen. Skala resterande bär.
f) Skär cirka tolv jämnstora bär på mitten och arrangera dem runt kanten på pannan med den skurna sidan av bären tryckt mot kanten. Ordna de återstående bären så att de passar in i pannan med spetsarna uppåt.
g) För att göra fyllningen, strö gelatin över kallt vatten i en liten kastrull.
h) Låt mjukna i 5 minuter. Värm försiktigt tills det lösts upp.
i) I en medelstor kastrull, vispa 4 äggulor med $\frac{1}{2}$ kopp/125 ml strösocker tills det blir ljust. Slå i citronsaft och skal. Koka under konstant omrörning tills blandningen tjocknar och kokar upp. Rör ner löst gelatin. Häftigt.
j) I en stor skål, vispa färskost med resterande $\frac{1}{4}$ kopp/50 ml strösocker. Slå i kall citronkräm.
k) I en separat skål, vispa vispgrädde tills den är ljus. Vänd ner i citronkrämen.
l) Häll över bären. Skaka pannan försiktigt så att citronblandningen faller mellan bären och toppen blir jämn. Kyl i 3 till 4 timmar, eller tills den stelnat.
m) Kör en kniv runt kanten på pannan och ta bort sidorna.
n) Lägg kakan på serveringsfat. (Ta bort springformens botten endast om den lätt lossnar.) Ordna 1 tum/$2\frac{1}{2}$ cm remsor av vaxat papper ovanpå kakan, lämna mellanrum däremellan.
o) Strö utrymmen med pistaschnötter. Ta försiktigt bort papperet. Lämna skalen på reserverade bär och skär dem

på mitten. Ordna bären i rader längs tomma remsor. Pudra med florsocker.
p) Ställ i kyl tills den ska serveras.

27. Citronkörsbärsnötmousse

INGREDIENSER:

- ½ kopp Hela naturliga mandlar
- 1 kuvert smaklös gelatin
- 3 matskedar citronsaft
- 1 kopp strösocker; dividerat
- 1 burk (12 uns) indunstad mjölk
- 1 burk (21 ounce) körsbärspaj fyllning och topping
- 2 tsk rivet citronskal
- ¼ tesked mandelextrakt
- 4 äggvitor

INSTRUKTIONER:

a) Bred ut mandlar i ett enda lager på en plåt. Grädda i en ugn uppvärmd till 350 grader i 12-15 minuter, rör om då och då, tills de är lätt rostade. Kyl och hacka fint.

b) Strö gelatin över 3 matskedar vatten i en liten tjock kastrull. Låt stå i 2 minuter tills gelatinet har absorberat vatten.

c) Rör i citronsaft och ½ kopp socker; rör om blandningen på låg värme tills gelatin och socker har löst sig helt och vätskan är klar.

d) Häll avdunstad mjölk i en stor blandningsskål; rör i körsbärspajfyllning, citronskal och mandelextrakt. Rör i den lösta gelatinblandningen, blanda noggrant.

e) Kyl tills blandningen är tjock och puddingliknande i konsistensen.

f) Vispa äggvitan ljus och skum. Tillsätt gradvis det återstående sockret.

g) Fortsätt vispa tills det blir en hård maräng. Vänd ner marängen i körsbärsblandningen. Vänd försiktigt ner hackad mandel.

h) Häll mousse i 8 portionsskålar. Täck över och kyl i minst 2 timmar eller över natten innan servering.

28. Citron Ice Torte med rabarbersås

INGREDIENSER:
FÖR SKORPA:
- 3 koppar blancherade strimlade mandlar, rostade (ca 12 ounces)
- ½ kopp socker
- 5 matskedar Margarin, smält
- ¼ tesked mald kanel
- ⅓ kopp jordgubbskonserver

FÖR TORTE:
- 3 pints citron- eller ananasis, sorbet eller sorbet
- 1 kopp socker
- ½ kopp vatten
- 1 vaniljstång, delad på längden

FÖR JORDGubbs-RAbarbersåsen:
- 1 20-ounce påse med fryst osötad rabarber
- 1 20-ounce påse med frysta osötade jordgubbar
- 1 pint korg med färska jordgubbar
- Färska myntakvistar (för garnering)

INSTRUKTIONER:
FÖR SKORPA:
a) I en matberedare, kombinera den rostade mandeln och sockret. Bearbeta tills den är finhackad.

b) Överför mandel-sockerblandningen till en medelstor skål.

c) Blanda det smälta margarinet och malen kanel i mandelblandningen tills det är väl blandat.

d) Överför mandelblandningen till en springform med en diameter på 9 tum. Använd plastfolie för att pressa mandelblandningen ordentligt 2 tum upp på sidorna och jämnt över botten av pannan. Frys skorpan i 15 minuter.

e) Värm ugnen till 350°F (175°C). Placera pannan med skorpan på en plåt och grädda i 20 minuter, eller tills skorpan stelnat och lätt gyllene. Om skorpsidorna glider under gräddningen, tryck tillbaka dem på plats med baksidan av en gaffel.

f) Lägg över pannan på ett galler och låt skorpan svalna helt.

g) Smält jordgubbskonserven i en tjock liten kastrull. Häll den smälta konserven i den avsvalnade skorpan och bred ut den så att den täcker botten. Låt det svalna.

FÖR TORTE:

h) Mjuka upp citron- eller ananasisen, sorbeten eller sorbeten väldigt lätt och fördela den i pannan över skorpan. Frys tills det stelnar. Du kan förbereda detta steg en dag framåt; bara täck och frys in.

FÖR JORDGubbs-RAbarbersåsen:

i) I en tjock medelstor kastrull, kombinera ½ kopp socker och ½ kopp vatten. Skrapa frön från vaniljstången och lägg dem i kastrullen tillsammans med den delade vaniljstången. Sjud i 5 minuter.

j) Tillsätt den återstående ½ koppen socker och rör om så att den löser sig.

k) Tillsätt rabarbern i kastrullen. Koka upp, sänk sedan värmen, täck över och låt sjuda tills rabarbern är mjuk, vilket bör ta cirka 8 minuter.

l) Tillsätt de frysta jordgubbarna i kastrullen och låt koka upp. Låt såsen svalna. Täck över och ställ i kylen tills den är väl kyld. Detta steg kan också förberedas en dag i förväg.

m) Ta bort vaniljstången från såsen.

HOPSÄTTNING:

n) Skär mellan skorpan och sidorna av pannan med en liten vass kniv. Ta bort pannsidorna.

o) Sked ½ kopp av jordgubbs-rabarbersåsen över mitten av torten.

p) Häll färska jordgubbar i mitten och garnera med färska myntakvistar.

q) Skär torten i skivor och servera med ytterligare sås.

r) Njut av din härliga Lemon Ice Torte med jordgubbsrabarbersås! Det är en uppfriskande och elegant dessert.

29. Citron-rabarber molnpudding

INGREDIENSER:

- 1 ¼ koppar socker
- ¼ kopp majsstärkelse
- ¼ tesked salt
- 1 ¼ koppar vatten
- 4 stora ägg
- 1 kopp hackad färsk eller fryst rabarber
- 1 msk rivet citronskal
- ⅓ kopp citronsaft
- ¼ tesked Grädde av Tartar

INSTRUKTIONER:

a) I en 2-liters kastrull, kombinera ¼ kopp socker, majsstärkelse och salt. Rör gradvis i vattnet med en trådvisp tills majsstärkelsen är jämnt fördelad i vattnet.

b) Värm blandningen på medelhög värme under konstant omrörning tills den kokar och tjocknar till en puddingliknande konsistens. Ta av puddingen från värmen.

c) Separera äggen, lägg vitorna i en medelstor skål och äggulorna i en liten skål. Vispa gulorna lätt och vispa i lite av puddingen. Häll sedan tillbaka äggulablandningen i kastrullen med pudding, rör om tills den är väl blandad. Vänd ner den hackade rabarbern.

d) Återställ blandningen till medelvärme och värm den till kokning under konstant omrörning. Sänk värmen till låg och fortsätt tillagan, rör om då och då, tills rabarbern mjuknar, vilket bör ta cirka 5 minuter.

e) Ta av puddingen från värmen. Rör ner det rivna citronskalet och citronsaften. Häll puddingen i en grund 1½ liter ugnssäker skål eller gryta.

f) Värm ugnen till 350°F (175°C).

g) Använd en elektrisk mixer på hög hastighet, vispa de reserverade äggvitorna och grädden av tartar tills de blir ljusa och fluffiga.

h) Vispa gradvis i den återstående ½ koppen socker tills en styv maräng bildas och topparna behåller sin form när vispen sakta höjs.

i) Bred ut marängen över puddingen och se till att den tätar mot skålens kant. Du kan skapa dekorativa toppar ovanpå marängen.

j) Grädda i den förvärmda ugnen i 12 till 15 minuter eller tills marängen är gyllenbrun.

k) Du kan servera puddingen varm eller låta den svalna till rumstemperatur och sedan kyla den för att servera den kall.

l) Njut av din läckra citron-rabarbermolnpudding! Det är en härlig dessert med en perfekt balans mellan söta och syrliga smaker.

30. Rabarber citron tofu paj

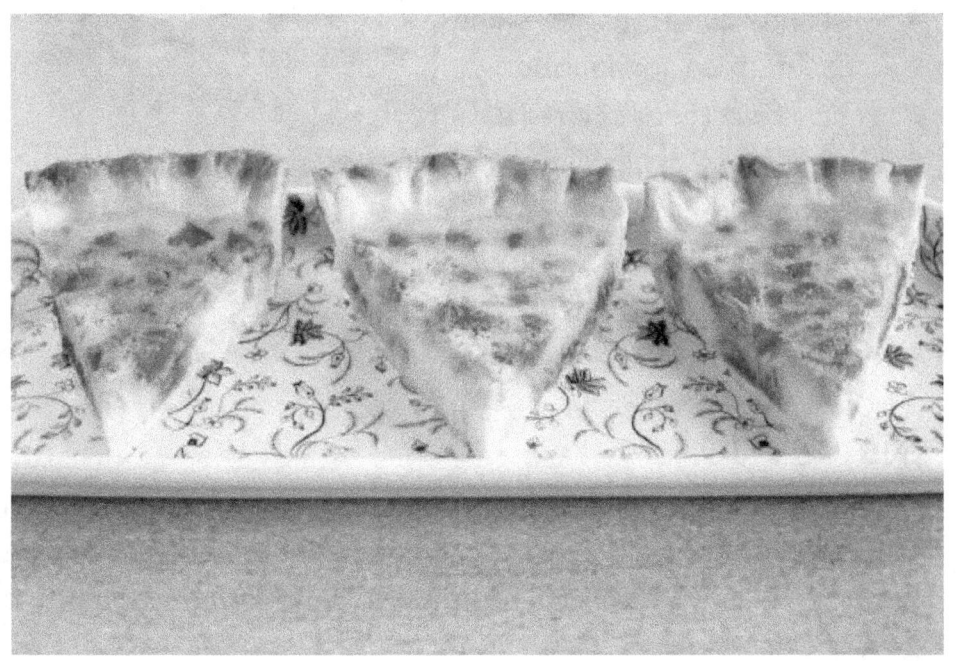

INGREDIENSER:

- 5 stjälkar rabarber, tvättade,
- 1 Granny Smith äpple, skalat
- Dussin stora jordgubbar
- 6 uns fast (reducerat fett) tofu
- Saften av $\frac{1}{2}$ citron
- $\frac{1}{4}$ kopp + 2 T socker
- 2 msk Fullkornsvetemjöl
- 2 tsk Socker + 2 t fullkornsvete
- Mjöl

INSTRUKTIONER:

a) I en riskokare, tillsätt lite vatten och rabarberstjälkarna, hackade. Koka under lock i flera minuter. Tillsätt det tärnade äpplet, jordgubbarna och $\frac{1}{4}$ c socker

b) Purea tofun i en matberedare eller hackare tills den är väldigt slät. Tillsätt citronsaft, 2 T socker, 2 T fullkornsmjöl och bearbeta tills det är väl blandat.

c) Klä en 8" pajform med olja och strö över en socker- och fullkornsmjölsblandning, cirka 2 t vardera. Bred ut tofublandningen i pajformen. Grädda vid 400 F i några minuter.

d) Häll rabarberblandningen i en fin sil och låt saften rinna av. Häll den återstående rabarberblandningen över den bakade citrontofun.

31. Citronsorbet

INGREDIENSER:

- 1 dl färskpressad citronsaft
- 1 kopp vatten
- 1 kopp strösocker

INSTRUKTIONER:

a) Blanda vatten och socker i en kastrull. Värm på medelvärme tills sockret löser sig helt, vilket skapar en enkel sirap.

b) Låt den enkla sirapen svalna till rumstemperatur.

c) Blanda den färskpressade citronsaften med den enkla sirapen.

d) Häll blandningen i en glassmaskin och kärna enligt tillverkarens instruktioner.

e) Överför citronsorbeten till en lufttät behållare och frys i ett par timmar tills den är fast.

f) Servera en liten skopa citronsorbet mellan rätterna för att rengöra gommen.

32. Mini citrontarteletter

INGREDIENSER:
FÖR DE TÄRTA SKALEN:
- 1 ¼ koppar universalmjöl
- ¼ kopp strösocker
- ½ kopp osaltat smör, kallt och i tärningar

FÖR CITRONFYLLNING:
- ¾ kopp strösocker
- 2 msk majsstärkelse
- ¼ tesked salt
- 3 stora ägg
- ½ dl färskpressad citronsaft
- Skal av 2 citroner
- ¼ kopp osaltat smör, i tärningar

INSTRUKTIONER:
a) Blanda mjöl och strösocker i en matberedare. Tillsätt det kalla, tärnade smöret och pulsa tills blandningen liknar grova smulor.
b) Tryck ut blandningen i små tartelettformar, täck botten och sidorna jämnt. Nagga bottnarna med en gaffel.
c) Kyl tårtskalen i kylen i cirka 30 minuter.
d) Värm ugnen till 350°F (175°C).
e) Grädda tårtskalen i 12-15 minuter eller tills de blir gyllenbruna. Låt dem svalna helt.
f) I en kastrull, vispa ihop socker, majsstärkelse och salt. Vispa gradvis i ägg, citronsaft och citronskal.
g) Koka blandningen på medel-låg värme, rör hela tiden tills den tjocknar, ca 5-7 minuter.
h) Ta bort från värmen och rör ner det tärnade smöret tills det är slätt.
i) Fyll de avsvalnade tårtskalen med citronfyllningen.

j) Ställ i kylen minst 1 timme innan servering. Eventuellt pudra över strösocker innan servering.
k) Njut av dina Mini Lemon Tartlets!

33. Citronmarängpajparfaits

INGREDIENSER:

- 4 stora äggvitor
- 1 kopp strösocker
- 1 tesked majsstärkelse
- 1 tsk vaniljextrakt
- 1 ½ dl lemon curd
- 1½ dl vispad grädde
- Citronskal till garnering

INSTRUKTIONER:

a) Vispa äggvitorna på hög hastighet i en ren bunke tills det bildas mjuka toppar.
b) Tillsätt gradvis sockret medan du fortsätter att vispa tills det bildas styva, glansiga toppar.
c) Vänd försiktigt ner majsstärkelse och vaniljextrakt.
d) Häll upp marängblandningen i en spritspåse försedd med stjärnspets.
e) I serveringsglas eller skålar, lägg på lemon curd, vispgrädde och maräng.
f) Upprepa lagren tills glasen är fyllda, avsluta med ett lager maräng ovanpå.
g) Valfritt: Använd en köksfackla för att bryna marängen lätt.
h) Garnera med citronskal.
i) Servera omedelbart eller kyl tills den ska serveras.
j) Njut av dina citronmarängpajparfaits!

34. Citron och lavendelflan

INGREDIENSER:

- 1 kopp socker
- 1 ½ dl tjock grädde
- ½ kopp helmjölk
- 6 stora ägg
- ¼ tesked salt
- ¼ kopp färsk citronsaft
- 1 msk citronskal
- 2 tsk torkade lavendelblommor
- Vispad grädde och ytterligare lavendelblommor till servering

INSTRUKTIONER:

a) Värm ugnen till 325°F.
b) Värm sockret på medelhög värme i en medelstor kastrull, rör hela tiden tills det smälter och blir gyllenbrunt.
c) Häll det smälta sockret i en 9-tums flanform, virvla runt för att täcka botten och sidorna av formen.
d) Värm grädden, helmjölken, citronsaften, citronskalet och lavendelblommorna i en liten kastrull på medelhög värme, rör hela tiden tills det bara sjuder.
e) Vispa ihop ägg och salt i en separat skål.
f) Häll sakta ner den varma gräddblandningen i äggblandningen under konstant vispning.
g) Sila blandningen genom en finmaskig sil och häll i flanformen.
h) Lägg formen i en stor ugnsform och fyll formen med tillräckligt med varmt vatten för att komma halvvägs upp på sidorna av formen.

i) Grädda i 50-60 minuter eller tills flanen stelnat och skakas lite när den skakas.

j) Ta ut ur ugnen och låt svalna till rumstemperatur innan den ställs i kylen i minst 2 timmar eller över natten.

k) För att servera, kör en kniv runt kanterna på formen och vänd upp den på ett serveringsfat. Servera med vispad grädde och ett stänk lavendelblommor.

35. Citron Zabaglione

INGREDIENSER:

- 2 stora ägg
- 6 stora äggulor
- 1 kopp socker
- 1 msk rivet citronskal
- $\frac{1}{4}$ kopp färsk citronsaft
- $\frac{1}{2}$ kopp söt Madeira, grädde sherry eller rubinport

INSTRUKTIONER:

a) I den övre delen av en dubbelkokare kombinerar du hela ägg, äggulor och socker. Vispa blandningen tills den blir ljus och tjock.

b) Tillsätt rivet citronskal, färsk citronsaft och ditt val av söt Madeira, gräddsherry eller rubinport till äggblandningen.

c) Placera dubbelkokaren över det sjudande vattnet, se till att botten av äggblandningskärlet inte kommer i kontakt med det sjudande vattnet.

d) Fortsätt att vispa och vispa blandningen över det sjudande vattnet tills den tredubblas i volym och blir varm vid beröring. Detta bör ta några minuter.

e) När zabaglionen har tjocknat och ökat i volym, ta bort den från värmen.

f) Dela citronzabaglione mellan glas med höga skaft.

g) Servera omedelbart för att njuta av den härliga citronen.

36. Meyer Lemon Upside-Down Cake

INGREDIENSER:

- ¼ kopp (57 gram) osaltat smör
- ¾ kopp (165 gram) packat ljust farinsocker
- 3 Meyer citroner, skivade ¼-tums tjocka
- 1 ½ koppar (195 gram) universalmjöl
- 1 ½ tsk bakpulver
- ¼ tesked bakpulver
- ½ tsk kosher salt
- ¼ tsk färskmalen muskotnöt
- ½ tesked mald ingefära
- ¼ tesked mald kardemumma
- 1 kopp (200 gram) strösocker
- 2 tsk citronskal
- ½ kopp (114 gram) osaltat smör, rumstemperatur
- 2 tsk vaniljextrakt
- 2 stora ägg, rumstempererade
- ¾ kopp kärnmjölk

INSTRUKTIONER:

a) Värm ugnen till 350 grader Fahrenheit (175 grader Celsius). Placera den 9-tums runda kakformen i ugnen med ¼ kopp smör skuret i bitar. Smält smöret i pannan tills det precis smält. Borsta det smälta smöret på sidorna av pannan med en konditorivaror. Strö det packade ljusa farinsockret jämnt över det smälta smöret.

b) Ordna Meyer-citronskivorna ovanpå farinsockret, överlappa dem efter behov.

c) I en medelstor skål, vispa ihop all-purpose mjöl, bakpulver, bakpulver, kosher salt, färskmalen muskotnöt, mald ingefära och mald kardemumma tills det är väl kombinerat.

d) Lägg strösockret i skålen med en stavmixer. Lägg citronskalet ovanpå sockret och gnid in skalet i sockret med fingrarna. Tillsätt det rumstempererade osaltade smöret och vaniljextraktet till sockret. Vispa blandningen på medelhastighet tills den är ljus och fluffig, cirka 3 till 4 minuter.

e) Tillsätt äggen ett i taget, vispa ordentligt efter varje tillsats.

f) Tillsätt hälften av mjölblandningen i smör- och sockerblandningen. Blanda på låg hastighet tills det är väl blandat. Det kan finnas lite mjöl på sidorna av skålen, vilket är okej.

g) Häll i kärnmjölken och blanda på medelhastighet tills det blandas.

h) Tillsätt resten av mjölblandningen och blanda på låg hastighet tills det precis blandas. Skrapa skålens sidor och botten med en spatel och blanda i ytterligare 10 sekunder för att säkerställa att alla ingredienser är väl kombinerade.

i) Häll försiktigt smeten över de skivade citronerna i kakformen och jämna till toppen med en förskjuten spatel.

j) Grädda kakan i den förvärmda ugnen i cirka 45 minuter eller tills en kakprovare kommer ut ren när den sätts in i mitten av kakan.

k) Låt kakan svalna i formen i 10 minuter. Kör en kniv runt kanterna för att släppa kakan och vänd sedan upp den på ett fat. De vackert karamelliserade Meyer citronskivorna kommer att ligga på toppen av kakan.

l) Njut av denna härliga Meyer Lemon Upside-Down Cake med sina glittrande citrusjuveler på toppen!

37. Lemon Pots de Creme

INGREDIENSER:

- 2 medelstora citroner
- ⅔ kopp strösocker
- 1 ägg
- 4 äggulor
- 1 ¼ koppar tung grädde
- 5 tsk konditorsocker
- 6 kanderade violer (valfritt)

INSTRUKTIONER:

a) Värm ugnen till 325°F (165°C).
b) Riv skalet från citronerna för att få cirka 1 tsk citronskal. Pressa citronerna för att extrahera ½ kopp citronsaft.
c) I en bunke, vispa ihop strösocker, ägg och äggulor tills det är väl blandat.
d) Vispa gradvis i den tunga grädden tills sockret har lösts upp helt.
e) Passera blandningen genom en sil för att säkerställa en slät och klumpfri vaniljsås. Rör i citronskalet för att ge blandningen citronsmak.
f) Placera sex ½-kopps krukor av creme eller sufflérätter i en djup ugnsform.
g) Fördela citronblandningen jämnt mellan de sex potterna de creme-rätterna.
h) Häll försiktigt varmt kranvatten i ugnsformen så att den kommer inom ½ tum från toppen av grytorna. Detta vattenbad hjälper vaniljsåsarna att koka jämnt.
i) Grädda vaniljsåsarna utan lock i den förvärmda ugnen i cirka 35 till 40 minuter, eller tills de precis stelnat i

mitten. Vaniljsåsen ska ha ett litet skak i mitten när de skakas försiktigt.

j) När det är klart, ta försiktigt bort krukor de creme från vattenbadet och ställ dem åt sidan för att svalna helt.

SERVERING:

k) Innan servering, pudra ytan på varje vaniljsås med konditorisocker för att ge en söt touch och förbättra presentationen.

l) Eventuellt kan du garnera varje pot de creme med en kanderad viol för en elegant och färgglad finish.

m) Servera Lemon Pots de Creme kylda och njut av de härliga citrus- och krämiga smakerna.

38. Citron franska macarons

INGREDIENSER:

FÖR MACARON SKAL:

- 100 g superfint mandelmjöl
- 75 g strösocker
- 70 g (1/3 kopp) äggvita, i rumstemperatur
- 1/4 tsk grädde av tandsten, valfritt
- 1/4 tsk grovt koshersalt
- 75 g superfint strösocker
- 1/2 tsk färsk citronsaft
- Gul matfärgad gel
- 1 tsk citronskal

FÖR CITRONSMÖRKRÄM:

- 80 g osaltat smör, i rumstemperatur
- 130 g strösocker, siktat
- 1 msk färsk citronsaft
- 1 tsk citronskal
- 1/8 tsk grovt koshersalt

INSTRUKTIONER:

ATT GÖRA MACARON SKAL:

a) Klä 2 plåtar med bakplåtspapper eller silikonmattor. (För jämn luftcirkulation, vänd bakplåtarna upp och ner.)

b) Sikta samman mandelmjöl och strösocker två gånger. Om det finns upp till 2 matskedar tjocka torra ingredienser kvar i sikten behöver du inte byta ut den; släng helt enkelt de bitarna.

c) Vispa äggvitorna på medelhög hastighet i en ren blandningsskål med visptillbehör tills det blir skum.

d) Tillsätt grädde av tartar och salt till äggvitorna och fortsätt att vispa.

e) Tillsätt långsamt strösocker en matsked i taget medan mixern är igång. Låt sockret lösas upp efter varje tillsats.
f) När marängen når mjuka toppar, tillsätt citronsaft och några droppar gul matfärg.
g) Fortsätt vispa äggvitorna på medel-låg hastighet tills hårda toppar bildas. Marängen ska bolla inuti vispen, och när du lyfter upp vispen ska den hålla en spetsig ände och ha vassa revben.
h) Tillsätt citronskal i marängen och vispa i ytterligare ca 30 sekunder.
i) Sikta ner mandelmjölsblandningen i marängen. Vik ner de torra ingredienserna i marängen med en silikonspatel tills den är helt införlivad. Fortsätt sedan att vika smeten tills den är tillräckligt rinnig för att rita en åttasiffra. Testa smeten genom att släppa en liten mängd i skålen; om topparna löser sig i smeten av sig själv på cirka 10 sekunder är den klar. Var noga med att inte vika smeten för mycket.
j) Lägg över smeten i en konditoripåse försedd med en rund spets.
k) Håll konditorivarorna i en 90° vinkel och rör runt 1,5-tums rundor ungefär en tum från varandra på de förberedda bakplåtarna. Knacka bakplåtarna ordentligt på bänken för att få bort eventuella luftbubblor.
l) Låt macaronsen sitta på bänken i minst 15-30 minuter, tills smeten inte fastnar på fingret vid lätt beröring.
m) Värm ugnen till 300°F (150°C).
n) Grädda en plåt i taget med macarons på mittersta gallret i ca 15-18 minuter. De kokta macaronsna ska vara fasta att röra vid och basen ska inte röra sig.

o) Kyl macaronsen helt och ta sedan bort dem från bakplåtspappret.

ATT GÖRA CITRONSMÖRKRÄM:

p) Vispa smöret fluffigt i en bunke med visptillbehör.

q) Tillsätt strösocker, citronsaft, citronskal och salt och vispa tills det är väl blandat.

r) Lägg över smörkrämen i en konditoripåse försedd med antingen en rund spets eller stjärnspets.

SÅ HÄR MONTERAR DU MACARONS:

s) Para ihop de avsvalnade macaronskalen efter storlek och arrangera dem på ett galler, med de nedre skalen upp och ner.

t) Sprid en klick citronsmörkräm på de nedre skalen och lägg det översta skalet över fyllningen, tryck lätt för att breda ut fyllningen till kanterna.

u) Förvara de fyllda macaronsna i en lufttät behållare i kylen i minst 24 timmar för att mogna, låt fyllningen mjukna och smaksätta skalen.

v) För att servera, ta fram macarons ca 30 minuter före servering.

w) Förvara macarons i kylen i en lufttät behållare i upp till 5 dagar eller frys i upp till 6 månader.

39. Citron Brûlée Tart

INGREDIENSER:

FÖR SKORPA:
- 1 ½ dl grahamssmulor
- 6 matskedar osaltat smör, smält
- ¼ kopp strösocker

FÖR FYLLNING:
- 4 äggulor
- 1 burk (14 uns) sötad kondenserad mjölk
- ½ kopp färsk citronsaft
- 1 msk rivet citronskal

FÖR TOPPEN:
- Strösocker, för karamellisering

INSTRUKTIONER:

a) Värm ugnen till 350°F (175°C).

b) I en skål, kombinera graham cracker smulor, smält smör och socker. Tryck ut blandningen i botten och upp på sidorna av en tårtform.

c) I en separat skål, vispa ihop äggulor, sötad kondenserad mjölk, citronsaft och citronskal tills de är väl blandade.

d) Häll citronfyllningen i den förberedda skorpan.

e) Grädda i ca 15-20 minuter, eller tills fyllningen stelnat.

f) Ta ut ur ugnen och låt den svalna till rumstemperatur. Ställ sedan i kylen i minst 2 timmar eller tills den är kall.

g) Strax innan servering, strö ett tunt lager strösocker ovanpå tårtan. Använd en köksfackla för att karamellisera sockret tills det bildar en knaprig skorpa.

h) Låt sockret stelna i några minuter, skiva sedan och servera.

40. Citronisbrûlée med kola

INGREDIENSER:

- 1 kopp tung grädde
- 1 dl helmjölk
- 4 äggulor
- ½ kopp strösocker
- 1 msk rivet citronskal
- ¼ kopp citronsaft
- ½ dl kolabitar
- Strösocker, för karamellisering
- Hallon, att servera

INSTRUKTIONER:

a) Värm grädden, helmjölken och citronskalet i en kastrull på medelvärme tills det börjar sjuda. Avlägsna från värme.

b) I en separat skål, vispa ihop äggulor, socker och citronsaft tills det är väl blandat.

c) Häll långsamt den varma gräddblandningen i äggyleblandningen, under konstant vispning.

d) Häll tillbaka blandningen i kastrullen och låt koka på låg värme, under konstant omrörning, tills den tjocknar och täcker baksidan av en sked. Låt det inte koka.

e) Ta bort från värmen och låt blandningen svalna till rumstemperatur. Ställ sedan i kylen i minst 4 timmar eller över natten.

f) Häll den kylda blandningen i en glassmaskin och kärna enligt tillverkarens instruktioner.

g) Under de sista minuterna av kärnning, tillsätt kolabitarna och fortsätt kärna tills de är jämnt fördelade.

h) Överför den kärnade glassen till en behållare och frys i minst 2 timmar för att stelna.

i) Strax före servering, strö ett tunt lager strösocker ovanpå varje portion. Använd en köksfackla för att karamellisera sockret tills det bildar en knaprig skorpa.

j) Låt sockret stelna i några minuter, servera sedan och njut.

41. Lemon Curd Gelato

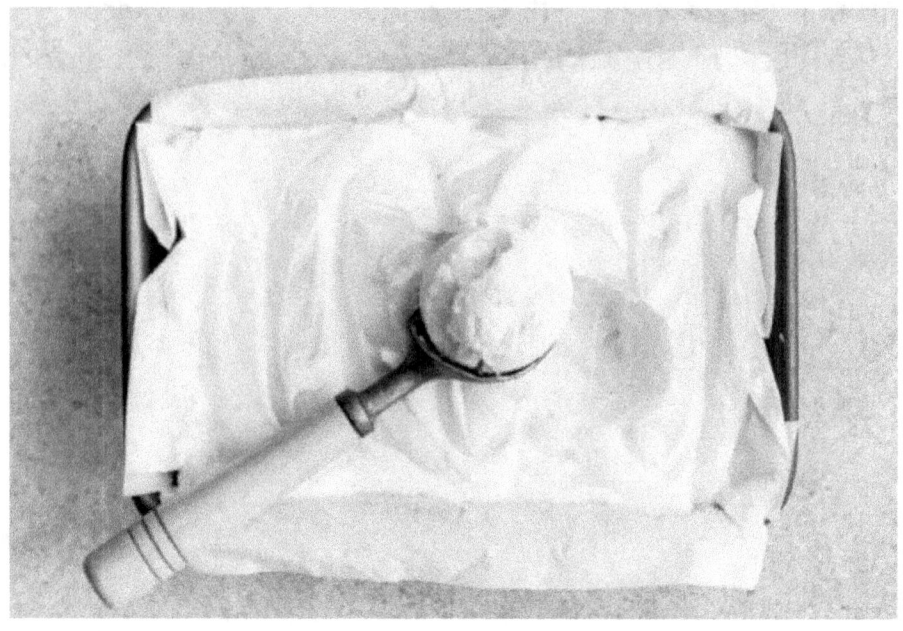

INGREDIENSER:
- 500 ml Double Cream
- 395 ml burk kondenserad mjölk
- 2 tsk vaniljextrakt
- 2 msk limoncello (valfritt)
- 320 gram Lemon Curd

INSTRUKTIONER:
a) Häll grädde, mjölk och vanilj i en skål och vispa tills mjuka toppar bildas.
b) Häll blandningen i en frysbar behållare och lägg den sedan i frysen i en timme.
c) Efter en timme ta ut den ur frysen och rör ner lemon curd och limoncello. Blanda väl och ställ sedan tillbaka i frysen i ytterligare 4 timmar.
d) Ta ut från frysen och servera.

42. Honeycomb citronkaka

INGREDIENSER:
FÖR TÅRAN:
- 2 koppar universalmjöl
- 2 tsk bakpulver
- ½ tesked bakpulver
- ¼ tesked salt
- ½ kopp osaltat smör, mjukat
- 1 kopp strösocker
- 3 stora ägg
- Skal av 2 citroner
- ¼ kopp färsk citronsaft
- ½ kopp kärnmjölk
- ¼ kopp honung
- 1 tsk vaniljextrakt

FÖR BIKAKEFYLLNING:
- 1 kopp bikakegodis, krossad i små bitar

FÖR CITRONGLASÄREN:
- 1 kopp strösocker
- 2 matskedar färsk citronsaft

INSTRUKTIONER:
a) Värm ugnen till 350°F (175°C). Smörj och mjöla en 9-tums rund kakform.

b) I en medelstor skål, vispa ihop mjöl, bakpulver, bakpulver och salt. Avsätta.

c) I en stor bunke, grädda ihop det mjuknade smöret och strösockret tills det är ljust och fluffigt.

d) Vispa i äggen ett i taget, följt av citronskal och citronsaft.

e) Tillsätt kärnmjölk, honung och vaniljextrakt till smörblandningen och blanda tills det är väl blandat.

f) Tillsätt gradvis de torra ingredienserna till de våta ingredienserna, blanda tills de precis är införlivade. Var noga med att inte övermixa.

g) Häll hälften av kaksmeten i den förberedda kakformen, fördela den jämnt.

h) Strö det krossade bikakegodiset över smeten för att säkerställa en jämn fördelning.

i) Häll den återstående kaksmeten över bikakegodisskiktet, bred ut det så att det täcker fyllningen.

j) Grädda i den förvärmda ugnen i 30-35 minuter, eller tills en tandpetare som sticks in i mitten kommer ut ren.

k) Ta ut kakan från ugnen och låt den svalna i formen i 10 minuter, lägg sedan över den på ett galler för att svalna helt.

l) Medan kakan svalnar förbereder du citronglasyren genom att vispa ihop strösocker och färsk citronsaft tills den är slät.

m) När kakan har svalnat, ringla citronglasyr över toppen av kakan.

n) Skiva och servera den läckra citronkakan med honungskaka.

43. Lemon curd mousse

INGREDIENSER:
- ½ kopp kraftig grädde
- ½ kopp Lemon curd, beredd
- Färska blåbär, sköljda och torkade
- Färska myntakvistar, till garnering

INSTRUKTIONER:
a) Vispa grädden tjock med kylda vispar. Vänd ner den vispade grädden i lemoncurden.
b) Blanda antingen citronmoussen till blåbär.
c) Eller, lager mousse, färska blåbär och mousse i ett vinglas; garnera med färsk mynta.

44. Citron Semifreddo

INGREDIENSER:

- 4 äggulor
- ½ kopp strösocker
- 1 kopp tung grädde
- Skal av 2 citroner
- 1 msk färska rosmarinblad, fint hackade

INSTRUKTIONER:

a) Vispa ihop äggulor och socker i en stor bunke tills det blir blekt och krämigt.
b) Vispa grädden i en separat skål tills mjuka toppar bildas.
c) Vänd försiktigt ner citronskalet och hackad rosmarin i den vispade grädden.
d) Tillsätt gradvis den vispade gräddblandningen till äggulblandningen, vik försiktigt tills den är väl blandad.
e) Häll blandningen i en brödform eller enskilda ramekins.
f) Frys i minst 6 timmar eller över natten.
g) För att servera, ta ur frysen och låt den stå i rumstemperatur i några minuter innan du skär upp den.

45. Smörgåsar med citronglass

INGREDIENSER:

- 1 ½ dl universalmjöl
- ½ tesked bakpulver
- ¼ tesked salt
- ½ kopp osaltat smör, mjukat
- ½ kopp strösocker
- ½ kopp packat farinsocker
- 1 stort ägg
- 1 tsk vaniljextrakt
- Skal av 1 citron
- 1-pints citronglass

INSTRUKTIONER:

a) Värm ugnen till 375°F (190°C) och klä en plåt med bakplåtspapper.

b) I en skål, vispa ihop mjöl, bakpulver och salt.

c) I en separat mixerskål, grädda ihop det mjuka smöret, strösockret och farinsockret tills det är ljust och fluffigt. Tillsätt ägget, vaniljextraktet och citronskalet och blanda tills det är väl blandat.

d) Tillsätt gradvis de torra ingredienserna till smörblandningen och blanda tills det precis blandas. Vänd försiktigt ner de färska blåbären.

e) Släpp rundade matskedar av deg på den förberedda bakplåten, håll dem cirka 2 tum från varandra. Platta ut varje degboll något med handflatan.

f) Grädda i 10-12 minuter eller tills kanterna är gyllenbruna. Låt kakorna svalna helt.

g) Ta en kula citronglass och lägg den mellan två kakor.

h) Ställ glassmackorna i frysen i minst 1 timme för att stelna innan servering.

GLASYR OCH FROSTNINGAR

46. Citronglasyr

INGREDIENSER:

- 1 kopp strösocker
- 2 msk färskpressad citronsaft
- 1 tsk citronskal

INSTRUKTIONER:

a) I en liten skål, vispa ihop strösocker, citronsaft och citronskal tills det är slätt.

b) Justera konsistensen genom att tillsätta mer strösocker eller citronsaft efter behov.

c) Ringla citronglasyren över din efterrätt och låt stelna innan servering.

47. Hallon lemonad glasyr

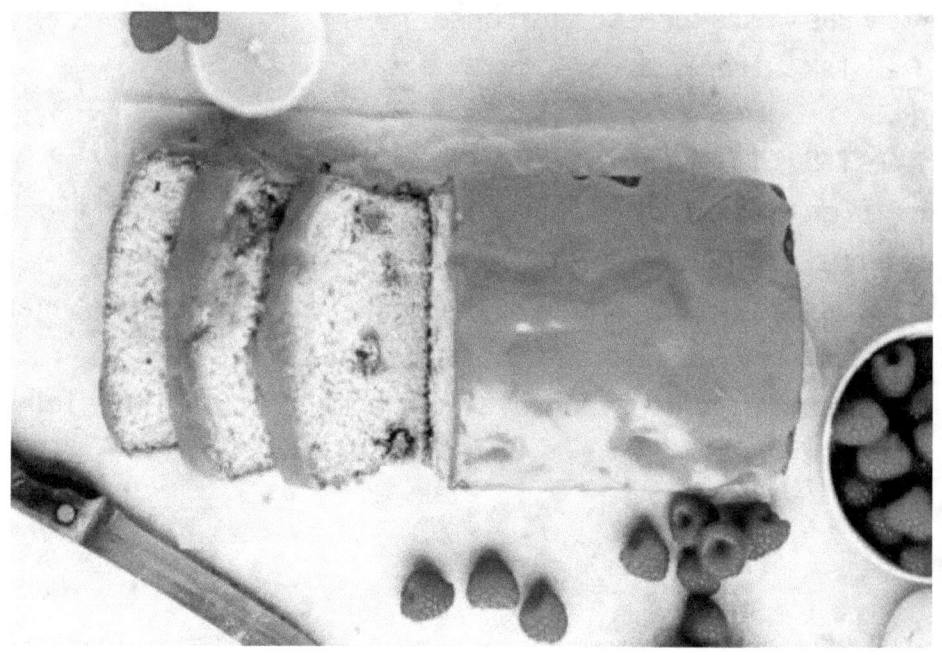

INGREDIENSER:

- 1 kopp strösocker
- 2 msk hallonpuré (silad)
- 1 msk färskpressad citronsaft
- Citronskal (valfritt, för garnering)

INSTRUKTIONER:

a) I en liten skål, vispa ihop strösocker, hallonpuré och citronsaft tills det är slätt.

b) Justera konsistensen genom att tillsätta mer strösocker eller hallonpuré efter behov.

c) Ringla hallonlemonadglasyren över din efterrätt och strö över citronskal, om så önskas.

d) Låt glasyren stelna innan servering.

48. Citronsmör frosting

INGREDIENSER:

- 1 kopp osaltat smör, mjukat
- 4 koppar strösocker
- 2 msk färskpressad citronsaft
- 1 msk citronskal
- 1 tsk vaniljextrakt

INSTRUKTIONER:

a) I en mixerskål, grädde det mjukade smöret tills det är slätt.
b) Tillsätt florsockret gradvis, cirka 1 kopp i taget, och blanda väl efter varje tillsats.
c) Tillsätt citronsaft, citronskal och vaniljextrakt till smörblandningen. Mixa tills det är slätt och krämigt.
d) Justera konsistensen genom att tillsätta mer strösocker för en styvare frosting eller mer citronsaft för en tunnare frosting.
e) Bred ut eller sprid citronsmörfrostingen på kylda kakor eller muffins.

49. Citronvallmofrön frosting

INGREDIENSER:
- 1 kopp osaltat smör, mjukat
- 4 koppar strösocker
- 2 msk färskpressad citronsaft
- 2 tsk citronskal
- 1 msk vallmofrön

INSTRUKTIONER:
a) I en mixerskål, grädde det mjukade smöret tills det är slätt.
b) Tillsätt florsockret gradvis, en kopp i taget, och fortsätt vispa tills det är väl blandat.
c) Rör ner citronsaft, citronskal och vallmofrön. Blanda tills det är helt införlivat.
d) Bred ut eller sprid citronvallmofrönfrostingen på kylda kakor eller muffins.

LEMONADER

50. Klassisk färskpressad lemonad

INGREDIENSER:
- Saft från 8 stora citroner
- 6 dl vatten
- $1\frac{1}{4}$ koppar strösocker
- 1 citron, skivad

INSTRUKTIONER :

a) Blanda citronsaften med vattnet och sockret i en stor kanna.

b) Rör om tills sockret är upplöst. Kyl tills den är kall, ca 1 timme.

c) Häll saften över is och lägg till en citronskiva i varje glas innan servering.

51. Rosa grapefrukt lemonad

INGREDIENSER:

- 50 g gyllene sirap
- $\frac{1}{4}$ tesked Himalaya eller grovt havssalt
- 4 Florida rosa grapefrukt, juiced, med extra skivor för servering
- 2 citroner, saftade

INSTRUKTIONER:

a) I en liten kastrull, kombinera den gyllene sirapen och 100 ml vatten. Låt blandningen sjuda, rör om för att lösa upp sockret. Ställ den åt sidan för att svalna.
b) Tillsätt 400 ml vatten i en stor kanna och fyll på med is.
c) Häll den avsvalnade sockerlagen över isen och vattnet i kannan.
d) Tillsätt Himalaya eller grovt havssalt, färskpressad rosa grapefruktjuice och citronsaft i kannan.
e) Rör om blandningen väl för att kombinera alla ingredienser.
f) Servera Pink Grapefruit Lemonade i glas, garnerad med skivor av rosa grapefrukt för en uppfriskande och syrlig citrusbehandling. Njut av!

52. Hallon Lemonade Mimosas

INGREDIENSER:

- 3 uns champagne
- 3 uns hallon lemonad
- Rosa eller rött sockerströssel
- 2-3 färska hallon

INSTRUKTIONER:

a) Så här kantar du glasen: Häll en liten mängd hallonlemonad på en tallrik eller en grund skål. Gör likadant med de rosa eller röda sockerströsken på en separat tallrik.

b) Doppa kanten på en champagneflöjt i hallonlemonaden och se till att täcka hela kanten.

c) Doppa sedan den belagda kanten på glaset i det färgade sockret för att skapa en dekorativ sockerkant.

d) Häll hallonlemonad och champagne i det förberedda glaset och rör försiktigt för att blanda smakerna.

e) Droppa 2-3 färska hallon i cocktailen för en extra burk av fruktig godhet.

f) Servera dina Raspberry Lemonade Mimosas och njut av denna härliga och uppfriskande cocktail under din brunch med tjejerna.

53. Strawberry Lemonade Spritzer

INGREDIENSER:

- 1 kopp färska jordgubbar, skalade och skivade
- $\frac{1}{2}$ kopp färsk citronsaft
- $\frac{1}{4}$ kopp strösocker
- 2 koppar kolsyrat vatten
- Isbitar
- Färska myntablad till garnering

INSTRUKTIONER:

a) I en mixer, kombinera jordgubbar, citronsaft och socker. Mixa tills det är slätt.

b) Sila blandningen genom en finmaskig sil för att ta bort eventuella frön.

c) Fyll glasen med isbitar och häll jordgubbs-citronblandningen över isen.

d) Toppa varje glas med kolsyrat vatten och rör om försiktigt.

e) Garnera med färska myntablad och servera.

54. Drakfrukt lemonad

INGREDIENSER:

- 1 stor drakfrukt - rosa eller vitt fruktkött, skalet avlägsnat
- 5 koppar vatten
- $\frac{1}{2}$ kopp agavenektar eller lönnsirap
- 1 dl färskpressad citronsaft

INSTRUKTIONER:

a) Blanda drakfrukten med 1 kopp vatten till önskad konsistens.

b) Överför drakfruktblandningen till en lemonadkanna och tillsätt de återstående 4 kopparna vatten, citronsaft och sötningsmedel. Rör om, smaka av och justera sötningsmedlet och/eller vattnet om det behövs.

c) Kan serveras direkt över ett glas fyllt med isbitar.

d) Förvara i kylen och rör om ordentligt innan servering. Njut av!

55. Kiwi lemonad

INGREDIENSER:
- 4 kiwifrukter, skalade
- 12-ounce burk fruset lemonadkoncentrat, tinat
- 3 koppar kolsyrad citron-lime dryck, kyld

INSTRUKTIONER:
a) Skär kiwi i bitar.
b) Bearbeta fruktbitar och lemonadkoncentrat i en matberedare tills de är slät.
c) Häll blandningen genom en trådnätsil i en kanna som kasserar fasta partiklar.
d) Rör ner citron-lime drinken precis innan servering.

56. Hallon Kefir Lemonad

INGREDIENSER:

- ½ kopp färska eller tinade frysta hallon
- ⅔ kopp färskpressad citronsaft
- ½ kopp agavesirap
- 3 koppar kefir

INSTRUKTIONER:

a) Lägg alla ingredienser i en snabbmixer och mixa tills det är slätt.
b) Sila genom en plastsil till en kanna. Servera över is.
c) Håller den i 2 dagar i kylen.

57. Hallon och fänkål lemonad

INGREDIENSER:

- 8 uns vatten
- 8 uns hallon + extra till garnering
- 4 matskedar socker
- 1 tsk fänkålsfrön
- saft av 2 citroner
- kylt vatten

INSTRUKTIONER:

a) I en kastrull eller kastrull, kombinera hallonen med sockret, fänkålsfröna och vattnet och koka över måttlig värme.
b) Koka tills hallonen är mjuka.
c) Låt den svalna till rumstemperatur.
d) Mixa hallonblandningen till en slät puré. Sila av och blanda i citronsaften.
e) Servera, toppad med kallt vatten.
f) Garnera med de reserverade hallonen.

58. Plommon lemonad

INGREDIENSER:

- 32 uns vatten, uppdelat
- 2-3 hela stjärnanis
- 10 uns socker
- 3 färska röda plommon, urkärnade
- 2 citroner, ordentligt skrubbade och halverade
- Isbitar, till servering

INSTRUKTIONER:

a) I en kastrull, kombinera 16 uns (2 koppar) vatten och stjärnanisen.

b) Koka upp och låt det puttra i några minuter för att ge vattnet stjärnanismaken. Ta bort den från värmen och låt den svalna.

c) I en separat kastrull, gör en enkel sirap genom att kombinera sockret med de återstående 16 uns (2 koppar) vatten.

d) Värm den över medelvärme, rör om tills sötningsmedlet löst sig helt. Ta bort den från värmen och låt den svalna.

e) När både det stjärnanis-infunderade vattnet och den enkla sirapen har svalnat, kombinera dem i en kanna.

f) I en mixer, puré de urkärnade röda plommonen tills de är jämna.

g) Pressa saften från de halverade citronerna i mixern med plommonpurén.

h) Tillsätt plommon- och citronblandningen i kannan med vattnet med stjärnanis och enkel sirap. Rör om allt väl.

i) Förvara plommonlemonaden i kylen tills den är ordentligt kyld.

j) För att servera, fyll glasen med isbitar och häll plommonsaften över isen. Garnera med ytterligare plommonskivor, citronklyftor eller stjärnanis om så önskas.
k) Njut av din hemmagjorda plommonlemonad, en härlig och uppfriskande drink med en unik twist!

59. Granatäpple lemonad

INGREDIENSER:
- ½ kopp enkel sirap eller agave sötningsmedel
- ½ dl citronsaft
- 1 kopp granatäpplejuice
- 1 kopp kallt vatten
- 1 kopp krossad is
- Nypa salt

FÖR FÄLGEN:
- 1 citronklyfta
- ¼ tesked rostad spiskummin
- 1 tsk socker
- ⅛ tesked salt

INSTRUKTIONER:
a) I en mixerskål, rör ihop den enkla sirapen (eller agavesötningen), citronsaft, granatäpplejuice, en nypa salt och kallt vatten tills det är väl blandat.
b) Häll blandningen i en kanna fylld med krossad is.
c) För att kanta ditt glas, ta citronklyftan och gnugga den runt glasets kant för att täcka det med ett tunt lager citronsaft.
d) Blanda den rostade spiskumminen, sockret och saltet på en tallrik.
e) Doppa glasets kant i kummin-socker-saltblandningen och vrid den för att täcka kanten.
f) Häll upp din nygjorda granatäpplelemonad i det kantade glaset.
g) Servera din livfulla och sötsarta granatäpplelemonad omedelbart och njut av denna uppfriskande twist på klassisk lemonad med den förtjusande tillsatsen av granatäpple!

60. Körsbärslemonad

INGREDIENSER:

- 1 pund färska surkörsbär (ställ åt sidan några för garnering)
- 2 koppar socker
- 8 koppar vatten
- 6 till 8 citroner, plus extra för garnering

INSTRUKTIONER:

a) I en medelstor kastrull, kombinera surkörsbär, socker och 3 koppar vatten.
b) Sjud i 15 minuter och låt den sedan svalna till rumstemperatur.
c) Sila blandningen genom en finmaskig sil.
d) Saft tillräckligt med citroner för att ge 1 ½ koppar citronsaft.
e) Kombinera körsbärsjuice, citronsaft och cirka 5-6 koppar kylt vatten (anpassa efter din smak).
f) Rör om väl och tillsätt om så önskas tunna citronskivor och färska körsbär för extra känsla.

61. Blåbär lemonad

INGREDIENSER:

- 2 koppar färska blåbär, plus extra till garnering
- 1 kopp färskpressad citronsaft
- $\frac{1}{2}$ kopp strösocker
- $\frac{1}{4}$ tesked salt
- 4 koppar vatten

INSTRUKTIONER:

a) Kombinera färska blåbär, citronsaft, strösocker och salt i en mixer.
b) Bearbeta blandningen tills den är väl blandad, vilket bör ta cirka 45 sekunder.
c) Häll den blandade blandningen genom en finmaskig sil i en stor kanna för att avlägsna eventuella fasta partiklar; kassera de fasta ämnena.
d) Rör i vattnet tills det är helt införlivat.
e) Fördela blåbärslemonaden mellan 8 isfyllda glas och garnera med ytterligare blåbär om så önskas.
f) Njut av din uppfriskande hemgjorda blåbärslemonad!

62. Prickly Pear Juice Sparkling Lemonade

INGREDIENSER:
- Saften av 4 citroner
- ⅓ kopp kall fläsksirap
- 2 koppar kallt kolvatten
- ½ kopp socker

INSTRUKTIONER:
a) I en behållare, kombinera den kalla färskpressade citronjuicen, den kalla prickly pearsirapen och det kalla mousserande vattnet. Rör om ordentligt för att säkerställa en jämn blandning.
b) Servera den mousserande lemonaden över is och garnera om så önskas varje glas med en citronskiva.
c) Njut av din uppfriskande Prickly Pear Juice Sparkling Lemonade – en riktigt fräsch och härlig drink!

63. Svart druva lemonad

INGREDIENSER:

- 4 koppar svarta druvor utan kärnor
- 1 ½ koppar socker, delat
- 7-8 koppar kallt vatten, uppdelat
- Skal av 3 citroner
- Saft av 7 citroner (ca 1 kopp)

INSTRUKTIONER:

a) I en stor kastrull, kombinera de svarta druvorna, 1 kopp vatten, 1 kopp socker och citronskal.
b) Sjud denna blandning på medelhög värme medan du mosar druvorna när de mjuknar.
c) När alla druvor har mosats, låt blandningen sjuda försiktigt i ytterligare 10-15 minuter för att frigöra mer färg från druvskalet.
d) Ta kastrullen från värmen och sila av blandningen, släng bort det fasta ämnet.
e) Tillsätt druvblandningen i en kanna.
f) Rör ner citronsaften och resten av det kalla vattnet och sockret. Smaka av och justera mängden vatten och socker efter dina önskemål.
g) Kyl blandningen tills den är kall. (Det utvecklar en djärvare smak nästa dag.)
h) Servera din färska svarta druvsaft över is och njut av den uppfriskande smaken!
i) Njut av denna förtjusande hemgjorda skapelse.

64. Litchi lemonad

INGREDIENSER:
- 20 Litchi
- 1 msk citronsaft
- 6 myntblad
- ¼ tesked svart salt
- 4 isbitar

INSTRUKTIONER:
a) Skala alla litchi, ta bort fröna och lägg dem i en mixerkvarn eller mixer. Mixa dem till en tjock juice.
b) Blanda några myntablad i ett glas med citronsaft och svart salt.
c) Tillsätt isbitar i glaset och häll i litchijuicen. Rör om väl innan servering.
d) Garnera din litchi-lemonad med en citronskiva på sidan.
e) Njut av din uppfriskande hemgjorda Lychee Lemonade, en härlig indisk mocktail!

65. Apple och grönkål Lemonade

INGREDIENSER:

- 1 kopp spenat
- $\frac{1}{2}$ lime
- 1 citron
- 1 bit ingefära (färsk)
- 2 stjälkar selleri (ta bort bladen)
- 2 gröna äpplen
- 4 grönkålsblad

INSTRUKTIONER :

a) Tvätta alla frukter och grönsaker och använd en pappershandduk för att torka dem.
b) Skala lime, citron, ingefära och äpplen.
c) Skär alla ingredienser i bitar som passar in i utmatningsrännan på din juicepress.
d) Lägg frukt- och grönsaksbitarna i din juicepress. Tryck ner juicepressen tills färsk juice börjar rinna. Juicing av ingredienserna beror på vilken typ av juicepress du äger.

66. Rabarberlemonad

INGREDIENSER:
- 4 koppar vatten
- ½ kopp lönnsirap
- 1 pund rabarber (skalad vid behov, hackad)
- 3 koppar varmt vatten
- Isbitar
- Garnering: apelsinskivor eller myntakvistar

INSTRUKTIONER:
a) Koka upp 4 dl vatten i en kastrull; ta bort från värmen, vispa i lönnsirap och ställ åt sidan för att svalna.
b) Pulsera den hackade rabarbern i en matberedare tills den blir en massa.
c) Häll de 3 kopparna heta vattnet över rabarbermassan i en medelstor bassäng och täck.
d) Lägg en sil över lönnsirapsvattnet i grytan. Sila av rabarbermassan i lönnsirap-vattenblandningen med hjälp av en sil. För att kombinera rabarbervätskan och lönnsirapsvatten, vispa ihop dem. Fyll en kanna till hälften med vatten.
e) Häll upp cocktailen i fyra höga glas fyllda med isbitar.
f) Servera med en apelsinskiva eller en myntakvist som garnering.

67. Rädisa lemonad

INGREDIENSER:

- 1 dl rädisor, putsade och hackade
- 4 koppar vatten
- ½ dl färskpressad citronsaft
- ¼ kopp honung eller sötningsmedel valfritt
- Isbitar
- Färska myntablad till garnering

INSTRUKTIONER:

a) Blanda rädisor och vatten i en mixer. Mixa tills det är slätt.
b) Sila blandningen genom en finmaskig sil till en kanna.
c) Tillsätt citronsaft och honung i kannan och rör om tills det är väl blandat.
d) Servera över isbitar och garnera med färska myntablad.

68. Gurka Lemonad Delight

INGREDIENSER:

- 1 ½ koppar färskpressad citronsaft, med extra till garnering
- 1 kopp skalad och kärnad gurka, med extra till garnering
- 1 kopp strösocker (eller kokossocker)
- 6 koppar vatten (delat)
- Is

INSTRUKTIONER:

a) Börja med att pressa citronerna.
b) Skala gurkan och ta bort kärnorna med en sked. (Om du använder en engelsk gurka kan du hoppa över det här steget.)
c) Häll gurkan, sockret och 2 koppar varmt vatten i en mixer. Mixa tills du får en slät konsistens. Sila blandningen genom en finmaskig sil till en kanna, använd en spatel för att trycka igenom vätskan. Kassera fruktköttet; detta kan ta några minuter att slutföra.
d) Tillsätt 4 koppar kallt vatten och den färskpressade citronsaften i kannan som innehåller gurkblandningen.
e) Tillsätt några nävar is och servera. Om så önskas, garnera med extra gurkskivor och citronklyftor.
f) Njut av den uppfriskande godheten hos gurklimonad!

69. Minty Kale Lemonade

INGREDIENSER:

- 500 ml eller 2 koppar lemonad (eller du kan ersätta apelsinjuice)
- 1 grönkålsstjälka
- En liten näve myntablad
- 6 isbitar

INSTRUKTIONER:

a) Ta bort stjälken från grönkålen och riv den i bitar. Lägg alla ingredienser, inklusive isbitarna, i en mixer.
b) Mixa tills blandningen är slät och skummande, och färgen är en jämn grön.
c) Häll upp det uppfriskande hopkoket i glas och för en extra touch, lägg till en isbit och en limeklyfta.
d) Njut av din vitaliserande Minty Kale Lemonade!

70. Betor Lemonad

INGREDIENSER:

- 2 medelstora rödbetor, kokta och skalade
- 1 kopp färskpressad citronsaft (från cirka 6-8 citroner)
- ½ kopp strösocker (anpassa efter smak)
- 4 koppar kallt vatten
- Isbitar
- Citronskivor och myntablad till garnering (valfritt)

INSTRUKTIONER:

a) Du kan koka rödbetorna genom att koka eller rosta dem. För att koka, lägg dem i en kastrull med vatten, låt koka upp och låt sjuda i cirka 30-40 minuter tills de är mjuka.

b) För att rosta, slå in dem i aluminiumfolie och rosta i ugnen vid 400°F (200°C) i cirka 45-60 minuter tills de är mjuka.

c) Låt de kokta rödbetorna svalna, skala och skär dem sedan i bitar.

d) Lägg de kokta och hackade rödbetorna i en mixer eller matberedare.

e) Mixa tills du har en slät rödbetspuré. Du kan lägga till en matsked eller två vatten om det behövs för att hjälpa till med blandningen.

f) Pressa tillräckligt med citroner för att få 1 kopp färsk citronsaft.

g) I en kanna, kombinera rödbetspurén, färskpressad citronsaft och strösocker.

h) Rör om tills sockret är helt upplöst.

i) Tillsätt 4 koppar kallt vatten och blanda väl. Justera sockret och citronsaften efter smak.

j) Kyl rödbetslemonaden tills den är väl kyld.
k) Servera över isbitar i glas.
l) Eventuellt garnera varje glas med en citronskiva och en kvist färsk mynta.

71. Fjärilsärt lemonad

INGREDIENSER:
- 1½ kopp vatten
- 1 kopp strösocker
- ¼ kopp torkad fjärilsärtblomma
- Citronsaft

INSTRUKTIONER:

a) Koka upp vatten och strösocker i en liten kastrull. Koka i 5 min.

b) Avlägsna från värme. Tillsätt torkade blå fjärilsärtblommor och ställ sedan in i kylen för att svalna helt.

c) Tillsätt is i ett glas och häll blå sirap för att fylla halvvägs. Häll lemonad för att fylla glaset. Servera kall.

72. Lavendel lemonad

INGREDIENSER:

- 2 koppar vatten (för att skapa en enkel sirap)
- 1 kopp socker
- 2 matskedar torkad lavendel ELLER 6 färska lavendelblommor
- 1 kopp färskpressad citronsaft
- 1 kopp kallt vatten
- Is till servering

INSTRUKTIONER:

a) Börja med att förbereda Lavender Simple Sirap. I korthet, kombinera 2 koppar vatten, socker och lavendel i en kastrull och låt sjuda tills det reducerats.

b) I en kanna eller dela lika i två glas, kombinera färskpressad citronsaft, kallt vatten och is.

c) Rör i den enkla lavendelsirapen. Justera sötman efter eget tycke. Om det är för syrligt, tillsätt mer enkel sirap; om det är för sött, tillsätt ytterligare citronsaft och vatten.

d) Servera omedelbart. Tänk på att isen kommer att smälta snabbt och kan späda ut lavendellimonadens smak något, så njut av det!

73. Rosewater lemonad

INGREDIENSER:

- 1 ½ koppar färskpressad citronsaft
- 1 kopp rosenvatten
- 1 kopp granulerat vitt socker
- 4-6 koppar vatten, anpassa efter din smak
- Citronskivor till garnering
- Matklassade ätbara rosenblad för garnering
- Valfritt: Is enligt dina önskemål

INSTRUKTIONER:

a) Blanda 1 ½ koppar färskpressad citronsaft, rosenvatten (1 kopp rosenvatten kombinerat med 1 kopp granulerat vitt socker) och 4-6 koppar vatten i en rymlig dryckesautomat eller kanna.

b) Rör om ordentligt för att kombinera. Kyl tills du är redo att servera.

c) Om så önskas kan du pryda din lemonad med citronskivor och extra rosenblad.

d) Servera din Rosewater Lemonade med eller utan is, efter din smak. Njut av!

74. Lavendel och kokos lemonad

INGREDIENSER:
CITRONSAFT
- 1 ½ koppar färskpressad citronsaft
- 1 ¾ koppar socker
- 8 koppar kokosvatten
- 4 koppar vatten

LAVENDEL ENKEL SIRAP
- 2 koppar socker
- 1½ koppar vatten
- 3 matskedar torkad lavendel
- Några droppar valfri violett matfärg

INSTRUKTIONER:
LAVENDEL ENKEL SIRAP
a) I en medelstor, tjockbottnad kastrull, kombinera socker, vatten och torkad lavendel.

b) Koka upp blandningen på hög värme och låt den koka i 1 minut.

c) Ta kastrullen från värmen, täck över den och låt lavendeln dra i sirapen i 20 minuter.

d) Sila sirapen genom en finmaskig sil för att ta bort lavendeln. Om så önskas, tillsätt några droppar violett matfärg för att ge lemonaden en lila nyans.

e) Ställ lavendelsirapen åt sidan för att svalna. När den har svalnat, överför den till en lufttät behållare och kyl i upp till en vecka.

KOKOSLAVENDELLIMONAD
f) Blanda nypressad citronsaft, socker, kokosvatten och vatten i en kanna.

g) Skaka eller rör om kraftigt tills allt socker är helt upplöst. Skakning är att föredra eftersom det hjälper till att lufta saften.

h) Häll hälften av lavendelsirapen i kannan och rör om. Justera mängden lavendelsirap efter din smak, tillsätt mer eller mindre efter önskemål.

i) Njut av din uppfriskande kokoslemonad med lavendel!

75. Färsk lila lemonad e

INGREDIENSER:

- 7-10 citroner, plus extra till garnering och skivor
- 1 ½ koppar strösocker
- 8 ½ koppar vatten
- Is
- 2-3 huvuden färska syrenblommor

INSTRUKTIONER:

a) Skär dina citroner på mitten och juice dem med en citrusjuicer. Du måste få i dig 1 ½ koppar citronsaft.
b) Ta bort frön och fruktkött från din citronsaft med en finmaskig sil. Kyl saften.
c) Blötlägg dina färska syrenkvistar i kallt vatten i minst 2 timmar eller över natten.
d) Skapa din sirap genom att tillsätta 1 kopp vatten till 1 ½ koppar socker i en kastrull. Värm det tills det sjuder, rör hela tiden tills sockret är helt upplöst. Ta bort från värmen och kyl.
e) Skiva en citron i medaljonger och lägg dem i din kanna.
f) Tillsätt dina syrenblommor, citronsaft, sirap och 7 koppar vatten till kannan. Rör om för att kombinera.

76. Hibiskus lemonad

INGREDIENSER:
FÖR DEN ENKLA SIRAPEN:
- 1 kopp strösocker
- 2 koppar vatten
- ½ kopp torkade hibiskusblommor

FÖR LEMONADEN:
- 5 koppar kallt vatten
- 2 dl citronsaft
- 1 citron, tunt skivad
- Isbitar
- Färsk mynta till garnering

INSTRUKTIONER:
GÖR DEN ENKLA SIRASEN:
a) Kombinera sockret, 2 koppar vatten och de torkade hibiskusblommorna i en liten kastrull på medelhög värme.
b) Koka upp blandningen, rör om tills sockret löst sig helt.
c) Ta bort från värmen och låt det svalna i 10 till 15 minuter.
d) Sila sirapen genom en finmaskig sil, tryck ner blommorna med baksidan av en sked för att extrahera deras smak. Kassera de använda hibiskusblommorna.

FÖRBEREDAR LEMONADEN:
e) Blanda det kalla vattnet, citronsaften och den kylda hibiskussirapen i en 2-quarts kanna. Rör om väl för att blanda.
f) Lägg citronskivor i kannan.
g) Lägg flera isbitar och en citronskiva i höga glas.
h) Fyll varje glas med hibiskus-lemonadblandningen.
i) Toppa varje portion med en kvist färsk mynta och servera med ett sugrör.

77. Basilika lemonad

INGREDIENSER:
- 1¼ koppar färskpressad citronsaft, plus citronskivor för garnering
- ½ kopp honung eller agavesirap
- 1 kopp tätt packade färska basilikablad, med ytterligare till garnering
- 3 koppar kallt vatten
- Isbitar

INSTRUKTIONER:

a) Blanda citronsaft, honung (eller agave) och basilika i en mixer. Mixa tills blandningen är extremt slät.

b) Sila blandningen i en kanna eller stor burk för att ta bort eventuella fasta partiklar.

c) Tillsätt vatten och kyl tills du ska servera.

d) Servera över is, garnerad med citronskivor och färska basilikablad. Njut av!

78. Cilantro lemonad

INGREDIENSER:
- 1 ½ dl färsk citronsaft
- 1 liter kokande vatten
- ½ kopp koriander, tvättad och hackad
- 2 jalapenos, kärnade och hackade
- Honung efter smak

INSTRUKTIONER:
a) För att börja, häll kokande vatten över jalapenos och koriander.
b) Låt stå kallt i cirka 4 timmar.
c) Häll i citronsaft och honung efter smak.

79. Gurkörtsinfunderad lemonad

INGREDIENSER:
- 1/4 dl färskpressad citronsaft
- 2 msk socker (justera efter smak)
- 4 gurkörtsblad
- 2 koppar vatten

INSTRUKTIONER:
a) Lägg alla ingredienser i en mixer.
b) Mixa i cirka 30 sekunder tills det är väl blandat.
c) Sila blandningen över en generös mängd is i ett högt glas.
d) Garnera din lemonad med gurkörtsblommor för en extra touch av smak och skönhet.

80. Lemon Verbena Lemonad

INGREDIENSER:

- 2 ½ pund färsk ananas, skalad, urkärnad och hackad
- 2 dl färskpressad citronsaft
- 1 ½ koppar strösocker
- 40 stora citronverbenablad
- 4 koppar vatten

INSTRUKTIONER:

a) I en stor mixer, kombinera hackad ananas, citronsaft, socker och citronverbenablad.

b) Sätt på locket och pulsera blandningen 10 eller 12 gånger för att börja bryta ner ingredienserna. Kör sedan mixern tills blandningen blir slät. Du kan behöva arbeta i omgångar om din mixer inte är tillräckligt stor.

c) Sila den blandade blandningen genom en finmaskig sil till en 2 -liter eller större kanna. Använd baksidan av en sked för att pressa de fasta ämnena genom silen. Du bör ha minst 4 koppar vätska.

d) Häll i vattnet och blanda ihop.

e) Servera Ananas Lemon Verbena Lemonade i glas fyllda med isbitar och garnera varje glas med kvistar av citronverbena för en extra touch av friskhet och smak. Njut av!

81. Rosmarin lemonad

(1 kopp vardera)

INGREDIENSER:

- 2 koppar vatten
- 2 färska rosmarinkvistar
- $\frac{1}{2}$ kopp socker
- $\frac{1}{2}$ kopp honung
- 1-$\frac{1}{4}$ koppar färsk citronsaft
- 6 koppar kallt vatten
- Isbitar
- Ytterligare citronskivor och färska rosmarinkvistar (valfritt)

INSTRUKTIONER:

a) Koka upp 2 dl vatten i en liten kastrull och tillsätt sedan rosmarinkvistarna. Sänk värmen och låt sjuda under lock i 10 minuter.

b) Ta bort och släng rosmarinkvistarna. Rör ner socker och honung tills de är helt upplösta. Överför denna blandning till en kanna och kyl i 15 minuter.

c) Tillsätt färsk citronsaft och rör ner det kalla vattnet.

d) Servera rosmarinlemonaden över is. Om så önskas, garnera med ytterligare citronskivor och färska rosmarinkvistar för en extra touch av smak och presentation.

e) Njut av din uppfriskande rosmarinlemonad, en härlig twist på klassisk lemonad!

82. Lemonad av citrongräs

INGREDIENSER:
- 1½ dl socker
- 8½ dl vatten, uppdelat
- 1 tub Citrongräs Stir-In Paste
- 1 kopp färsk citronsaft
- Isbitar

INSTRUKTIONER:

a) I en kastrull, kombinera 1½ koppar socker och 1½ koppar vatten. Värm blandningen på medelhög värme, rör om tills sockret löst sig helt. Detta skapar en enkel sirap.

b) Tillsätt Gourmet Garden™ Lemongrass Stir-In Paste till den enkla sirapen och blanda väl för att ingjuta citrongrässmaken.

c) I en separat behållare, kombinera den färska citronsaften, den citrongräsinfunderade enkla sirapen och de återstående 7 kopparna vatten. Rör om blandningen väl.

d) Kyl citrongräslemonaden i kylen så att den är kall och skön.

e) Vid servering häller du Lemongrass Lemonade över isbitar i glas.

f) Njut av denna unika och uppfriskande citrongräslemonad med den härliga smaken av citrongräs!

83. Hibiskus basilika lemonad

INGREDIENSER:

- 2 uns vodka
- 1 uns färsk citronsaft
- 1 uns Hibiskussirap
- 3-4 basilikablad
- Club soda
- Isbitar
- Uttorkat citronhjul och basilikablad till garnering

INSTRUKTIONER:

a) I en cocktailshaker, kombinera vodka, färsk citronsaft, hibiskussirap och basilikablad.
b) Blanda försiktigt basilikabladen för att frigöra smakerna.
c) Tillsätt isbitar i shakern och skaka kraftigt tills blandningen är väl kyld.
d) Sila av cocktailen i ett Collins-glas fyllt med isbitar.
e) Fyll på drinken med club soda till önskad nivå av kolsyra.
f) Garnera din Hibiscus Basil Lemonade med ett uttorkat citronhjul och några färska basilikablad.
g) Njut av denna livfulla och uppfriskande cocktail med den härliga kombinationen av hibiskus, basilika och citronsmaker!

84. Sea Moss Lemonade

INGREDIENSER:

- 5 citroner
- 4 matskedar sjömossa Gel
- 3 koppar vatten
- 1 kopp honung enkel sirap
- 1 kopp sjömossavatten

INSTRUKTIONER:

a) Gör Sea Moss Gel
b) Blanda citronsaft och sjömossavatten
c) Tillsätt Sea Moss Gel
d) Tillsätt honung enkel sirap
e) Blanda väl och njut!

85. Spirulina L- emonad

INGREDIENSER:

- 4 koppar vatten
- 4 stora citroner, pressade
- ½ kopp agave nektar
- 1 tsk E3 Live Blue Spirulina
- 1 nypa salt

INSTRUKTIONER:

a) Tvätta citronerna och skär dem på mitten. Använd en citruspress eller dina händer, pressa citronsaften i en skål, ta bort eventuella frön. Du bör få cirka 1 kopp färsk citronsaft.

b) Vispa ihop agavenektarn med citronsaften tills den är ordentligt blandad.

c) Blanda vattnet, agave/citronsaft, blå spirulina och en nypa salt i en stor kanna. Rör om tills det är väl blandat och spirulinapulvret har lösts upp.

d) Kyl eller häll över is och njut!

86. Tång-infunderad lemonad

INGREDIENSER:

- 1 uns citronsaft
- 3 skvätt Umami Bitters
- 0,5 uns Seltzer
- 0,5 uns vodka
- 1 kopp socker
- 1 kopp vinäger
- 1 kopp vatten

INSTRUKTIONER:

a) Börja med att göra Tångbusken. Värm socker, vatten, vinäger och sockerkelp i en kastrull tills det är varmt men inte kokar. Låt dra i 10-15 minuter. Låt den svalna och sila upp den i ett glas.

b) Tillsätt sjögräsbusken, umamibittern, citronsaften och sältan i glaset.

c) Toppa det med en skvätt vodka du föredrar.

d) Tillsätt is, rör om försiktigt och garnera med ett citronhjul.

e) Njut av din uppfriskande Seaweed-infunderade lemonad!

87. Chlorella lemonad

INGREDIENSER:
- ½ tsk Chlorella
- Saft av 1 ekologisk citron
- ½ till 1 tesked rå honung
- Filtrerat källvatten eller kolsyrat mineralvatten
- Isbitar
- Citronklyftor till garnering
- Valfritt: 1 tsk nyriven ingefära

INSTRUKTIONER:
a) I ett glas, kombinera Chlorella, färskpressad citronsaft och rå honung med en visp eller sked tills du får en jämn blandning.
b) Tillsätt isbitar och citronklyftor i glaset.
c) Fyll glaset med ditt val av vatten, oavsett om det är filtrerat källvatten för en mildare smak eller mousserande mineralvatten för lite brus.
d) Om så önskas, tillsätt nyriven ingefära för ett extra lager av smak och hälsofördelar.
e) Rör om väl för att kombinera alla ingredienser.
f) Smutta på och njut av denna uppfriskande och ultrafuktande Chlorella Lemonade. Det är ett bra sätt att boosta din energi och näring samtidigt som du håller dig pigg!

88. Matcha grönt te lemonad

INGREDIENSER:

- 2 koppar varmt vatten
- ½ tesked Epic Matcha grönt tepulver
- 1 kopp rent rörsocker
- ½ kopp färskpressad citronsaft
- 1 ½ liter kallt vatten

INSTRUKTIONER:

a) I en stor kanna, rör om Matcha grönt tepulver och socker i det varma vattnet tills båda är helt upplösta.
b) När Matcha och sockret är upplöst, tillsätt den färskpressade citronsaften (eller lime) till blandningen.
c) Häll i 1 ½ liter kallt vatten och rör om väl för att kombinera alla ingredienser.
d) Ställ kannan i kylskåpet och låt Matcha Green Tea Lemonade (eller Limeade) svalna i minst 30 minuter.
e) När den är tillräckligt kyld, rör om ordentligt, så är den redo att serveras.
f) Häll upp den uppfriskande drinken i glas med isbitar och garnera med citron- eller limeskivor om så önskas.
g) Njut av din hemmagjorda Matcha Green Tea Lemonade eller Limeade, en härlig blandning av citrus och matchas jordnära godhet!

89. Iskaffe lemonad

INGREDIENSER:
FÖR LEMONADEN:
- ½ kopp färsk citronsaft (ca 3-4 citroner)
- ¼ kopp strösocker (justera efter smak)
- ½ kopp kallt vatten

FÖR KAFFE:
- 1 kopp bryggt kaffe, kylt till rumstemperatur eller kylt
- ½ dl mjölk (du kan använda mejeri eller icke-mejerimjölk efter eget val)
- 1-2 msk sötad kondenserad mjölk (anpassa efter smak)
- Isbitar

INSTRUKTIONER:
a) Börja med att göra lemonaden. Blanda färsk citronsaft och strösocker i en kanna. Rör om ordentligt tills sockret är helt upplöst.

b) Tillsätt ½ kopp kallt vatten till citronblandningen och rör om. Smaka av och justera sötman eller syrligheten genom att tillsätta mer socker eller citronsaft efter behov.

c) Förbered ditt bryggkaffe i en separat behållare. Du kan använda en upphällningsmetod, fransk press eller valfri kaffebryggningsmetod. Låt kaffet svalna till rumstemperatur eller kyl det i kylen.

d) När kaffet är klart, tillsätt det i en separat kanna. Häll i valfri mjölk och sötad kondenserad mjölk efter smak. Rör om väl för att kombinera. Justera sötman efter din smak genom att tillsätta mer sötad kondenserad mjölk om så önskas.

e) Fyll två glas med isbitar.

f) Häll den beredda kaffeblandningen över isbitarna, fyll varje glas ungefär halvvägs.
g) Häll sedan den hemgjorda lemonaden över kaffeblandningen i varje glas, fyll resten av glaset.
h) Rör försiktigt för att kombinera smakerna.
i) Garnera med citronskivor eller en kvist mynta om så önskas.
j) Servera din uppfriskande Iskaffe Lemonade omedelbart och njut av den härliga blandningen av kaffe och lemonadsmaker.
k) Valfritt: Du kan också lägga till en skvätt smaksatt sirap, som vanilj eller kola, för ett extra lager av sötma och smak.
l) Experimentera med förhållandet mellan lemonad och kaffe för att passa dina smakpreferenser. Njut av!

90. Earl Grey Lemonade

INGREDIENSER:

- 4 Earl Grey tepåsar
- 1 kopp (236 ml) färsk citronsaft
- 3 matskedar honung (eller efter smak)
- Isbitar
- Citron- och apelsinskivor till garnering
- Färska myntablad till garnering

INSTRUKTIONER:

a) Börja med att lägga Earl Grey-tepåsarna i en värmetålig kanna eller kanna.

b) Häll 4 koppar kokande vatten över tepåsarna och låt dem dra i 4-5 minuter. Ta sedan bort tepåsarna.

c) Rör ner honungen medan teet fortfarande är varmt så att det smälter och blandas med vätskan. Låt blandningen svalna till rumstemperatur.

d) När teet har svalnat, rör ner den färska citronsaften. Smaka av blandningen och justera sötman genom att tillsätta mer honung om så önskas.

e) Fyll glasen med isbitar.

f) Häll Earl Grey lemonad över isen i varje glas.

g) Garnera din uppfriskande drink med citron- och apelsinskivor och lägg till några färska myntablad för en extra smak och arom.

h) Servera din Earl Grey Lemonade en varm sommardag för att njuta av den härliga blandningen av bergamott-infunderat te och saftig lemonad.

i) Luta dig tillbaka, koppla av och njut av de syrliga, syrliga och läckra smakerna av denna uppfriskande dryck.

91. Peach svart te lemonad

INGREDIENSER:

- 1 mogen medelstor persika, skalet avlägsnat
- ½ citron
- 2 koppar svart te (eller grönt te om så önskas)
- 2 matskedar enkel sirap (instruktioner ovan)
- 1 kopp isbitar

INSTRUKTIONER:

a) Börja med att pressa saften från hälften av en citron och ställ åt sidan.

b) Skär den mogna persikan i bitar och lägg dem i en mixer.

c) Tillsätt den reserverade citronsaften, svart te (eller grönt te om du föredrar det) och den enkla sirapen till mixern. Anpassa mängden enkel sirap efter dina smakpreferenser; lägg till mer om du föredrar en sötare drink.

d) Mixa alla ingredienser tills du får en slät och väl blandad blandning.

e) Sila av den blandade blandningen i en kanna eller kanna med mycket isbitar eller krossad is.

f) Servera din hemmagjorda Peach Black Tea Lemonade omedelbart för en uppfriskande och sötsyrlig sommardrink.

92. Chai hallon lemonad

INGREDIENSER:
- ¾ kopp is
- 1 uns lemonadkoncentrat, 7+1, tinat
- 1 uns hallonsirap
- 2 uns Original Chai Tea Latte
- 6 uns citron-lime soda
- 2 färska röda hallon
- 1 skiva citron, putsad och skivad

INSTRUKTIONER:
a) Tvätta händerna och alla färska, oförpackade produkter under rinnande vatten. Dränera väl.
b) Placera is i ett 16-ounce dryckesglas.
c) Häll lemonadkoncentratet, hallonsirapen, chai-tekoncentratet och citron-limeläsken över isen och blanda noggrant med en långskaftad barsked.
d) Spett hallonen eller plocka dem.
e) Skiva halvvägs genom den skivade citronen.
f) Lägg det skivade citron- och hallonspettet på glasets kant.
g) Njut av din Chai Raspberry Lemonade!

93. Lemonad Kombucha

INGREDIENSER:
- $1\frac{1}{4}$ koppar färskpressad citronsaft
- 15 koppar grönt te eller oolong kombucha

INSTRUKTIONER:

a) Häll 2 matskedar citronsaft i varje 16-ounce flaska.

b) Använd en tratt, fyll flaskorna med kombucha, lämna cirka 1 tum av huvudutrymmet i varje flaskhals.

c) Förslut flaskorna ordentligt.

d) Placera flaskorna på en varm plats, cirka 72°F, för att jäsa i 48 timmar.

e) Kyl 1 flaska i 6 timmar tills den är ordentligt kyld.

f) Öppna flaskan och smaka av kombuchan. Om det är bubbligt till din belåtenhet, kyl alla flaskor för att stoppa jäsningen.

g) När din önskade brus och sötma har uppnåtts, kyl alla flaskor för att stoppa jäsningen.

h) Sila före servering för att ta bort och kassera eventuella jäststrån som fortfarande finns kvar.

94. Kryddad äppellemonad

INGREDIENSER:

- 3 citroner
- 1-tums bit ingefära
- 1 näve färska myntablad
- ½ vaniljstång
- 2 st kardemummakapslar
- 1 kanelstång
- 2 kryddpepparbär
- 2 stjärnanisskidor
- ½ kopp socker
- 2½ koppar ofiltrerad äppeljuice

INSTRUKTIONER:

a) Pressa saften från citronerna.
b) Skala ingefäran och skiva den tunt.
c) Ta bort bladen från myntan.
d) Dela vaniljstången på längden och krossa kardemummastängerna.
e) I en kastrull, kombinera ingefära, citronsaft, myntablad, krossad kardemumma, kanelstång, kryddpeppar, stjärnanisskidor, socker och 200 ml (cirka 7 uns) vatten. Värm upp blandningen, men var försiktig så att den inte kokar upp.
f) Låt blandningen dra i 15 minuter så att smakerna smälter samman.
g) Passera den infunderade blandningen genom en fin sil för att ta bort de fasta ingredienserna. Låt vätskan svalna.
h) När vätskan har svalnat, blanda i den kylda ofiltrerade äppeljuice och rör om väl för att kombinera.

i) Häll upp den kryddade äppellemonaden i glas och servera.

95. Gurkmeja lemonad

INGREDIENSER:

- 1 gurkmejarot skalad och riven
- Saften av 2 citroner
- 4 koppar vatten
- 1 msk eller efter smak honung/lönnsirap
- 1 msk hackade myntablad

INSTRUKTIONER:

a) Skala och riv gurkmejaroten.
b) Tillsätt 1 dl vatten i en liten kastrull.
c) Tillsätt riven gurkmeja, låt koka upp på medelvärme och stäng sedan av värmen.
d) Sila för att få en klar vätska och ställ den åt sidan för att svalna.
e) Blanda citronsaft, honung och gurkmejavatten i en kanna.
f) Rör om för att blanda och smaka av och tillsätt mer honung eller citronsaft om det behövs.
g) Tillsätt hackade myntablad och isbitar och rör om ordentligt igen.
h) Servera gurkmeja lemonad kyld.

96. Masala lemonad

INGREDIENSER:
- 3 citroner, saftade
- 1 kopp socker
- 4 koppar vatten
- ½ tum ingefära, krossad
- 1 tsk spiskumminpulver
- ¼ tesked svartpepparpulver
- 1 tsk svart salt
- En handfull myntablad
- 1 nypa soda (valfritt)

INSTRUKTIONER:
a) I en skål, pressa saften från citronerna.
b) Till citronsaften, tillsätt socker, krossad ingefära och färska myntablad. Tillsätt 1 glas vatten.
c) Blanda allt väl tills sockret är helt upplöst.
d) Filtrera juicen för att ta bort eventuell massa eller fasta partiklar.
e) Till den filtrerade juicen, tillsätt svartpepparpulver, spiskumminpulver och svart salt. Blanda allt ordentligt.
f) Tillsätt isbitar till blandningen för att kyla den.
g) Om du föredrar en läskig lemonad kan du eventuellt lägga till en nypa soda.
h) Servera denna uppfriskande och smakrika Masala Lemonade i glas under tetid eller med kvällssnacks. Njut av den härliga blandningen av kryddor och citron!

97. Chai-kryddad lemonad

INGREDIENSER:
- 2½ dl vatten
- ¼ kopp lönnsirap (eller honung eller agavesirap)
- 1 msk hackad färsk ingefärarot
- 3 gröna kardemummakapslar, spruckna
- 4 hela nejlikor
- 1 liten kanelstång
- ½ dl färskpressad citronsaft

INSTRUKTIONER:
a) Koka upp vattnet i en medelstor kastrull på medelvärme. Låt det koka i 2 minuter utan lock.
b) Tillsätt lönnsirap, hackad ingefära, knäckta kardemummaskidor, kryddnejlika och kanelstång i det kokande vattnet. Rör om väl och låt blandningen koka upp. Rör om då och då.
c) Ta kastrullen från värmen och täck den med ett lock. Låt blandningen vila i 20 minuter så att kryddorna kan tränga in.
d) Sila den infunderade vätskan genom flera lager ostduk eller en finmaskig sil i en stor burk eller kanna för att ta bort kryddorna.
e) Kyl den silade vätskan tills den blir helt kall.
f) Rör ner den färskpressade citronsaften.
g) Servera den Chai-kryddade lemonaden över is. För en extra uppfriskande touch kan du lägga till en skvätt kolsyrat vatten eller sprit, om så önskas.
h) Eventuell överbliven lemonad kan kylas i upp till 3 dagar eller frysas för längre förvaring. Njut av denna unika och smakrika twist på lemonad!

98. Varm sås lemonad

INGREDIENSER:
- 1-liters club soda
- 2 dl vit rom
- 6-ounce burk fryst lemonadkoncentrat
- $\frac{1}{4}$ kopp färsk citronsaft
- 1 tsk varm sås
- Krossad is, efter önskemål

INSTRUKTIONER:
a) I en kanna, rör försiktigt ihop club soda, vit rom, fryst lemonadkoncentrat, färsk citronsaft och varm sås.
b) Häll den kryddiga lemonadblandningen i glas fyllda med krossad is.
c) Servera denna uppfriskande och smakrika kryddiga lemonad vid nästa träff med vänner och familj för en härlig och minnesvärd drink.
d) Njut ansvarsfullt!

99. Indisk kryddad lemonad

INGREDIENSER:
FÖR ENKEL SIRAAP:
- 1 kopp socker
- 1 kopp vatten
- En skvätt citronsaft (för att förhindra kristallisering)

FÖR LEMONAD:
- Enkel sirap (efter smak)
- 1 dl färskpressad citron- eller limejuice
- 4 koppar kallt vatten
- Rostade och krossade spiskumminfrön (valfritt)
- Havssaltflingor (valfritt, för kantning av glaset)

GARNIER:
- Färska myntablad (valfritt)
- Färska citronverbenablad (valfritt)
- Färska basilikablad (valfritt)

INSTRUKTIONER:
ATT GÖRA ENKEL SIRAP:
a) Kombinera 1 kopp socker och 1 kopp vatten i en kastrull på medelhög värme.
b) Tillsätt en skvätt citronsaft till blandningen för att förhindra kristallisering.
c) Rör om blandningen och låt den koka tills sockret löst sig helt.
d) Ta kastrullen från värmen och låt den enkla sirapen svalna.

GÖR LEMONAD:
e) I en kanna, kombinera 1 kopp färskpressad citron- eller limejuice med 4 koppar kallt vatten.

f) Rör i den enkla sirapen efter smak. Justera sötman efter dina önskemål genom att tillsätta mer eller mindre enkel sirap.

SERVERING:

g) Om så önskas kan du kanta glaset med havssaltflingor för en extra smakkick.

h) Kör en klyfta lime eller citron runt glasets kant för att fukta det.

i) Doppa den fuktade kanten i en tallrik med havssaltflingor för att kanta glaset.

j) Fyll glaset med isbitar.

k) Häll lemonadblandningen över isbitarna i glaset.

l) Garnera din Indian Spiced Lemonade med färska myntablad, citronverbenablad eller basilikablad, om så önskas.

100. Lavendel citrondroppe

INGREDIENSER:
- 2 uns Lavendel-infunderad Vodka
- 1 uns Triple Sec
- ½ uns färsk citronsaft
- Lavendelkvist till garnering

LAVENDEL-INFUSERAD VODKA:
- ¼ kopp torkade kulinariska lavendelknoppar
- 1 kopp vodka

INSTRUKTIONER:
LAVENDEL-INFUSERAD VODKA

a) Kombinera de torkade kulinariska lavendelknopparna och vodka i en ren glasburk.

b) Förslut burken och låt den stå på en sval, mörk plats i cirka 24-48 timmar för att infundera. Smaka av då och då för att säkerställa att den når önskad nivå av lavendelsmak.

c) När den väl har infunderats enligt din smak, sila vodkan genom en finmaskig sil eller ostduk för att ta bort lavendelknopparna. Överför den lavendelinfunderade vodkan tillbaka till en ren flaska eller burk.

FÖR LAVENDEL CITRONDROPPE:

d) Fyll en cocktailshaker med is.

e) Tillsätt 2 uns av lavendel-infunderad vodka, 1 uns av Triple Sec och ½ uns färsk citronsaft till shakern.

f) Skaka kraftigt tills den är väl kyld.

g) Sila av blandningen i ett kylt martiniglas.

h) Garnera din lavendel citrondroppe med en kvist färsk lavendel.

i) Njut av din Lavender Lemon Drop-cocktail med sina härliga blom- och citrustoner!

SLUTSATS

När vi avslutar vår resa genom "CITRONVÄLSKARNAS KULINARISKA KOMMUNIKÉ", hoppas vi att du har njutit av den fräscha och smakrika världen av citroninfunderade läckerheter. Citroner har den unika förmågan att lysa upp och förhöja rätter på otaliga sätt, och du har nu blivit en maestro för att utnyttja deras kulinariska magi.

Vi uppmuntrar dig att fortsätta din utforskning av citroninspirerade skapelser, experimentera med nya recept och dela dina glada rätter med familj och vänner. Varje rätt du förbereder är ett bevis på glädjen att laga mat med citroner och de livfulla smakerna de ger till bordet.

Tack för att du är en del av detta citrusiga kulinariska äventyr. Må de kunskaper och färdigheter du har fått fortsätta att lysa upp din kulinariska väg, och må dina måltider alltid fyllas med den soliga dispositionen av citroner. Glad matlagning!

www.ingramcontent.com/pod-product-compliance
Lightning Source LLC
Chambersburg PA
CBHW071310110526
44591CB00010B/846